U0625531

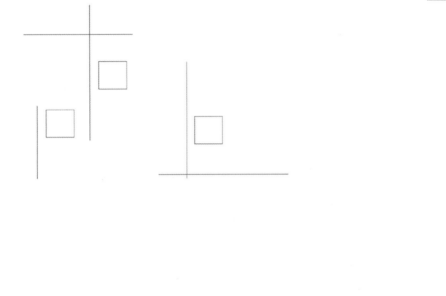

老子的哲学思想
与
企业管理

张志伟 / 编著

山西出版传媒集团

山西经济出版社

图书在版编目（CIP）数据

老子的哲学思想与企业管理 / 张志伟编著 . –– 太原:山西经济出版社, 2023.2
ISBN 978–7–5577–1031–6

Ⅰ.①老… Ⅱ.①张… Ⅲ.①老子—哲学思想—应用—企业管理 Ⅳ.①B223.15
②F272

中国版本图书馆 CIP 数据核字（2022）第 155976 号

老子的哲学思想与企业管理

编　　著 :	张志伟
责任编辑 :	李慧平
助理编辑 :	姚　岚　武文璇
封面设计 :	赵　娜

出　版　者 : 山西出版传媒集团·山西经济出版社
地　　　址 : 太原市建设南路 21 号
邮　　　编 : 030012
电　　　话 : 0351–4922133（市场部）
　　　　　　0351–4922085（总编室）
E – mail : scb@sxjjcb.com（市场部）
　　　　　　zbs@sxjjcb.com（总编室）

经　销　者 : 山西出版传媒集团·山西经济出版社
承　印　者 : 山西雅美德印刷科技有限公司

开　　　本 : 787mm × 1092mm　　1/16
印　　　张 : 15
字　　　数 : 125 千字
版　　　次 : 2023 年 2 月　　第 1 版
印　　　次 : 2023 年 2 月　　第 1 次印刷
书　　　号 : ISBN 978–7–5577–1031–6
定　　　价 : 68.00 元

序

《道德经》又称《老子》，是充满了东方智慧的首部完整哲学著作。本书以"道"为核心，讲道法自然，讲质朴纯真，讲天地万物，讲万物归一；以水作比喻，讲守中致和，讲以柔克刚，讲知荣守辱，讲以弱胜强，讲义善俭朴，讲和谐共处。洋洋洒洒五千字，其内容涵盖宇宙观、人生观、价值观及辩证方法，包括治国之道、企业管理、为人处事、人性修养、军事哲学、养生之道等，蕴含着通古今之变、究天地之际、穷生命根源的大智慧。所以，两千多年来，《道德经》一直影响着人们的思想和生活。

中小企业面对强手如林的市场竞争，特别是大企业和跨国公司咄咄逼人的攻势，管理者越来越意识到要提高核心竞争力，要笑到最后，制胜法宝是致力于企业内部的管理提升。而该书就为中小企业管理者提供了企业管理大智慧。

我们常说用人须德才兼备。最为重要的"德"必属于诚信品质，最受青睐的"才"莫过于职业能力。让一个老板满意比较容易，能够让每一位老板都满意并委以重任，更需要有良好的职业道德、包容的处世哲学以及坦荡的为人处事。本书作者张志伟同志是我的学生，四十年来先后在四个单位工作，他的工作都得到了领导的肯定和赞扬，并委以重任，实属难能可贵。特别是在企业管理方面，他进行了深入的理论探索与研究，积累了丰富的经验，并且能够利用业余时间把企业管理的经验按照《道德经》的哲学思维加以总结、升华，用大多数老百姓都能读懂、听懂的语言揭示出企业管理的内在客观规律，并把它运用到生产实践中，这是一件令人欣慰的事情。

　　万事皆有"道"，即事物运动发展变化的客观规律。大到治理国家、管理企业，小到为人处事和个人生活，都离不开"道生之、德畜之、物行之、势成之"的道理。本书妙理，还得是您亲自去品读才可，每个人读"道"，都可不同程度得"道"，总将受益无穷。

2021 年 12 月 11 日

　　（张海瑞，曾任职山西省定襄县人民政府党组成员、副县长，主管工业）

前　言

　　喜欢《道德经》，始于赵孟頫的小楷精品，一边临摹一边品味其意，愈发觉得其哲理深奥。浏览新闻时发现一篇文章，记载鲁迅先生曾说：**不读《道德经》就不懂中国文化。**向来对国学颇感兴趣的我之前对《道德经》的了解只能算是只言片语，仅仅停留在"道可道，非常道。名可名，非常名"，这些看似简单的句子里，给人的印象就是一头雾水不知所云。在书写的过程中，逐渐喜欢上以后，关注的也就多了，才发现《道德经》影响之深远，已经超越国界，遍及世界。有报道说世界上印刷量最大的书就是中国老子的《道德经》，遂深受鼓舞！为我们中国的国学文化深感自豪！前几天又看到一报道，在欧洲、美国等地几乎是人手一册《道德经》译本，而且有 500 多种版本涉及 30 多种语言，真是国人的骄傲啊！

　　这么多人钟情于《道德经》，其影响力如此巨大，于是我也想为传承国学文化，增强民族文化自信做点工作。2019 年 9 月份，我出资举办了《道德经》主题书法展，将《道德经》全篇 5000 余字，制作成 40 幅展板，在定襄县明玺大酒店开展，还聘请了忻州市知名学者傅卯田先生举办《道德经》讲座，定襄县文化界书画爱好者现场挥毫创作《道德经》

语句作品，定襄县文化中心、工商联合会、总工会及定襄县文联、妇联等政府机构共同主办承办，参观者络绎不绝，可谓盛况空前。

但《道德经》究竟说了什么？书写练字之外，我先后翻阅了五六个解读《道德经》的中文版本，还是一头雾水，这些版本都是学者型文人专家教授写的，秉持一个最基本的原则那就是忠于原著，在原著的基础上用白话文翻译解释，引经据典。这当然毫无问题。但我还是看不懂，非常惭愧了。

此外，我有一个心结始终郁结于胸。孔子的儒家文化一直倡导的是"学以致用"，《道德经》这么好的经典，究竟在学了之后有什么用呢？总的来说，《道德经》是一本讲解管理哲学的书，讲国家的治理、社会的管理，也有对子女的教育管理，也是一门领导学。以老子的地位和职务，他在《道德经》里的每一句话其实是有针对性地对坐在他对面的人讲的道理，告诉他们如何当一个好领导、好家长，怕他们不懂，又加了很多比喻、形象、指代等修辞手法，而且往往是由天道开始推及人道，道理非常直白，但又非常深刻，是在无任何杂念的思虑后得出的道理，以至于哲学大师黑格尔感叹：我没有见过比中国的老子更加冷静的人，又在之后十分肯定地认定，中国只有一位哲学家——老子。老子

所讲的深刻哲理，影响范围如此之大，那么，我们如何应用到实际工作中呢？

我于1983年参加工作起，从事企业管理40年，其中5年在政府部门从事企业的宏观管理工作，从宏观上管理企业，如经济指标完成情况，企业管理模式从理论到实践的探索等，其余大部分时间在企业直接从事微观管理工作，可以说企业运行涉及的所有要素：生产、人事、设备、技术、工艺及财务、市场和合同等都或深或浅有所涉猎，《道德经》所讲的哲学道理能运用到企业管理吗？带着这个疑问，我一次又一次深入《道德经》的海洋之中，我惊奇了！老子太伟大了！我们现代的企业管理，距离老z子那个时代已经2600余年了，他所讲的道理依旧永生，仍然在熠熠生辉，即使在网络时代，仍然具有指导作用，显示出非凡的价值。

而我对《道德经》的所有理解、感悟，如果能抽出时间总结出来，用我自己的语言，一个普通老百姓的语言，必然也是绝大多数人都能读懂听懂的语言，而且反映出来的意思要绝对忠于原著，最起码要在保证不违背原著的基础上，稍微添油加醋，向世人展现一部能读懂的《道德经》，从而把其揭示的哲学道理应用在企业管理的生产实践中，让我们中国的企业和企业家都能得"道"，都能建成天长地久的常青企业，从而像《道德经》说的那样，

道生一，一生二，二生三，三生万物。我们中国的企业，中国的经济就一定能引领世界经济的潮流发展，不是一件很有意义的事情吗？

于是我做了。

书中《道德经》内容参考饶尚宽译注《中华经典藏书——老子》（中华书局，2016 年）。

张志绅

2021 年 9 月 5 日

目　　录

第一章　众妙之门

【原文】：

道可道，非常道；名可名，非常名。无，名天地之始；有，名万物之母。故常无，欲以观其妙；常有，欲以观其徼。此两者，同出而异名，同谓之玄。玄之又玄，众妙之门。

【译文】：

事物的本质或客观规律能用语言说清楚，就不是永恒的，可以用语言进行准确定义的，也不是永恒不变的真理。有和无是对立统一的两个方面，宇宙起源于"无"，生长万物的母亲，叫作"有"，也即万物的根源。所以，我们应从宇宙的起源中观察天地的奥妙；从事物的本源中寻找其踪迹。有和无是任何事物都具有的两个方面，来源相同名称不同而已。有和无是有深远意义的两个概念，其微妙关系可以称之为"玄"，其深刻的哲理关系，正是世界一切事物发展变化的根源。

【感悟】：

领导或管理之道，正是如此。本书作者专注于微观的企业管理。企业管理也正如老子所言"道"，没有人能真正说清楚究竟哪一种企业管理模式能适合所有的企业类型。不同类型的企业，只有找到适合企业自己文化认同的"道"，才能走向成功。比

如：德国西门子自有一套成功的运作模式和方法，但如果中国的中小企业套搬西门子模式，大概率会失败，这就是没有找到自己的"道"，没有辨识清楚企业管理的内在哲理关系，没有从"无"中观其妙，也没从"有"中寻其迹，没有根源，只能是无根之草、无踪浮萍了。所以，企业管理这门大学问尽管涉及的专业面非常广泛，但每一项专业管理要做好、做精致必须从专业的内在本质规律着手，按照其科学的规律逐步展开，才是其正道，才能真正把它做好。

第二章　功成弗居

【原文】：

　　天下皆知美之为美，斯恶已；皆知善之为善，斯不善已。有无相生，难易相成，长短相形，高下相倾，音声相和，前后相随，恒也。是以圣人处无为之事，行不言之教；万物作而弗始，生而弗有，为而弗恃，功成而弗居。夫唯弗居，是以不去。

【译文】：

　　天下人都知道美之所以称为美，丑的观念也就自然树立了；天下人都知道什么是善，那什么是不善也就自然知道了。所以说，有和无在对立统一中生长，困难和容易在矛盾中促成，长和短只有在相互比较中才能确定，高和下只有在互相对照中才能分别，音和声在节奏中才能和谐动听，前和后在排列中才能有秩序。所以，得道的人用无为亦即"不妄为"的法则处理世事，以"不言"的方式施行教化，让事物按客观规律自然发展而不妄加干涉，促成事物的发展壮大而不据为己有，在客观规律的运行中有所作为、有所贡献而不自恃一己之能，事情成功后从不居功自傲。也正因为能够做到不居功自傲，时刻保持"清零"的心态，所以他的功绩是永恒的。

【感悟】：

　　老子在这一章中很惊人地应用了辩证法的观点及矛盾论的范畴，告诉我们万事万物都是在矛盾中相互转化而发展的。美与丑，善与恶，难易长短，抑或高下、前后，这些都是相对而言的，是矛盾双方对立的统一体，所以，真正的得道之人，得道的管理者都能够按照客观规律办事，按事实、按科学说话，用无形的东西感知教化员工，而从不妄加干涉，妄加指责。在潜移默化中树立美丑、善恶观念，在实际工作中，明白难易高下长短，这些都是在比较中存在，在矛盾中生长，没有绝对的高下长短，只是比较的对象不同。**真正聪明智慧的领导人事情办成功，也不居功自傲，时常保持"清零"的心态，每天以积极的心态去面对人和事，才能获得永恒。**

第三章　圣人之治

【原文】：

不尚贤，使民不争；不贵难得之货，使民不为盗；不见可欲，使民心不乱。是以圣人之治，虚其心，实其腹，弱其志，强其骨。常使民无知无欲，使夫智者不敢为也。为无为，则无不治。

【译文】：

不要过分地推崇标榜所谓的贤才，才能使普通百姓不去争名夺位；不以奇珍异宝为贵重之物去炫耀，民众就不会去做盗贼；不去展现能引起人们私欲的东西，民心就是纯朴的，就不会惑乱。所以，得道之圣人治理天下，就是要培育引导民众始终保持谦和的心理，通过工作过上安稳的小康日子，不断减弱自己的一己之欲，并使他们能保持强健的身体。保持民众朴素的心态和没有争名夺位的欲念，使那些善施诡计、善施套路的人也不敢肆意妄为，以"无为"也即"不妄为"的心态遵循客观规律来处世做事，则没有治理不好的。

【感悟】：

每个企业都喜欢人才，定了好多标准，树起标杆，让众员工瞄着标杆去努力前行。这件事，有一定的正向作用，但做得过分了就会产生投机取巧、偏离主题的负面作用。让每位员工用心做人，踏实做事，大家都能在自己的专业技能岗位上学习上进，时常保持谦逊、朴实的心态，风清气正，积极进取，这不是很好的局面吗？老子在此也给了我们提醒警示：为无为，则无不治。作为管理者，一定要按照事物发展变化的本质规律做事，也就是**不妄为，不乱为，有所不为才能有所为**。只有远离胡思乱想，脚踏实地，实事求是地去做事，才能到达理想的彼岸。按客观规律办事，该怎么办就怎么办，就没有办不成的。

第四章　和光同尘

【原文】：

道冲，而用之或不盈。渊兮，似万物之宗。（挫其锐，解其纷，和其光，同其尘。）湛兮，似或存。吾不知谁之子，象帝之先。

【译文】：

道，就是阴阳两种力量互相作用，在对立统一中形成的客观真理，无穷无尽，渊博广阔，是万物的宗主，一切的根源。它摒弃不可一世的锐气，解除一切纠纷干扰，在光明之处就与光融合在一起，在现实世界里便与现世融合。它深远辽阔，无边无际，好像无处不在。我不知道它是从何而来，但它在天帝之前就已经存在了。

【感悟】：

这是老子发出的感慨，实际上是教导我们认识世界的根源。中国的哲学归根结底就讲两个字：阴和阳，一阴一阳之谓道也。世间一切的事物都是阴和阳两种力量在互相作用，相互中和，阴阳互动结合可生万物，这与马克思主义哲学讲的对立统一规律如出一辙。在企业管理中学会应用"道"的方法论也同样意义重大，作用非凡。作为管理者，一切按照事物的本质规律运行，就能做到大象无形，水到渠成。企业管理需要的是和风细雨式的和谐之道，而不是暴风骤雨般的锐气纷争。要把持有不同意见，具有各种不同技能特长的人组合在一起，**挫锐解纷，和光同尘，**为实现企业共同目标而辛勤付出，努力拼搏，企业发展之道，就会"绵绵若存，用之不勤"走上可持续发展的长青之路。

第五章　多言数穷

【原文】：

　　天地不仁，以万物为刍狗；圣人不仁，以百姓为刍狗。天地之间，其犹橐籥乎？虚而不屈，动而愈出。多言数穷，不如守中。

【译文】：

　　天地之道是公平的，对待万物就像刍狗一样，不会因为你有所建树而免遭风霜雨雪雷鸣电闪；得道的领导者都是公平公正的，对待所有的老百姓也像刍狗一样，不会因为你的特殊存在而不执行规则制度。天地之间的运行规律，其实就像一个大风箱，因为中间虚静，不断鼓动才能出风，愈动鼓出的风就会愈多，政令政策制度等制定得愈多愈会招致失败，不如把事情做得恰到好处。

【感悟】：

　　不管做什么样的领导，都必须有一颗公平公正的心，不能有偏心，更不能偏私。大家都会说，管理企业靠什么？靠制度！一点没错。管理制度一旦公布，就必须有人执行有人监督，就是所谓的管理与专业分工，这样才会发现执行层中是否有偏差，管理者才可能去纠正。在执行过程中，不能搞特殊，某人是功臣，过去有功或者资历很老，更要执行制度，不能搞特殊；某人是领导的亲属或关系，也不能搞特殊，制度如同法令，法律面前人人平等，才会显现法令的威严。否则，制度定了一大堆，执行不到位等于纸上谈兵，劳民伤财，不仅耽误了事情，也贻误了员工的成长。

但是老子又告诉我们，多言数穷，不如守中。政策制度制定得太多也不好，用了一个形象的比喻。过去农村生活中常见的风箱，鼓动得愈多，出来的风愈大，政令制度制定得愈多，出现的问题愈无法处理。不如守中，"中"就是中庸，就是恰到好处。

这就存在一个"度"的问题，无论生产管理、质量管理或设备管理、财务管理，都必须是适可而止，要适度。过度的质量管理，可能会增加成本，使产品失去竞争力；过度的生产管理，可能会让员工不明所以，反而使效率下降。所以，**好的管理者在每项专业管理中还应学会适可而止的技巧，合适的就是最好的，做到恰如其分，刚刚好就是"最好"。**

第六章　谷神不死

【原文】：

谷神不死，是谓"玄牝"。玄牝之门，是谓天地根。绵绵若存，用之不勤。

【译文】：

世界是物质的，物质是运动的，物质运动是遵循客观规律的。这个道理是永存不灭的，我们可以称其为孕育和生养天地万物的母体，是奥妙的生命之门，也可称之为天地万物的根源。她绵绵不绝永存在世上，取之不尽，用之不竭，作用无穷。

【感悟】：

远古时代的生殖崇拜，应是人类对母亲的敬畏和尊重，天地产生万物，就像人的生命产生的道理一样。这就叫道！一种精神！它是我们取之不尽、用之不竭的精神源泉。所以，我们搞企业要建立一种企业精神文化，它不能是虚无缥缈的。很多企业把企业精神定义为"拼搏、奋斗、学习、奉献"等，从做法上讲有些简单粗糙，但也有一定道理！玄牝之门，是谓天地之根源，绵绵若存，用之不尽。如果我们深刻理解这句话，就应当去创造一种精神，一种生生不息，永无止境的精神，谷神不死，是永生！

如果企业管理进入了道的境界，有共同追求的文化价值观，有精心打造的企业精神、团队合作精神，有创新的文化机制，制定出短期目标和长远规划，我想没有不成功的企业。

尤其是在战略层面，在组织架构设计上，有清晰的目标定位，有精神文化作为支柱，在应对千变万化的市场时，就一定会爆发出强大的生命力。

马克思主义辩证法指出：世界是物质的，物质第一，精神第二，物质决定意识；物质是运动的，物质运动是有规律的。联系老子的这一章，我们会发现从哲学的角度讲，老子和马克思是相通的，或者更应该讲马克思吸取了老子的"道"的精髓，才创造了唯物辩证法，成为指导我们共产党人一切行动的理论源泉。但是，如果我们仅从老子的《道德经》说起，老子反反复复，从各个层面、各个角度为我们讲述道的概念，用了很多比喻、借代、借指等文学修辞手法，说到底，就是：**一切要从运动变化的观点去看问题，解决问题。任何成功都必须建立在遵循客观规律的基础之上。**办企业如此，管理社会也是如此。

第七章　天长地久

【原文】：

天长地久。天地所以能长且久者，以其不自生，故能长生。是以圣人后其身而身先，外其身而身存。以其无私，故能成其私。

【译文】：

天长地久！天地之所以能够长久永存，是因为天地不只是为了自己而生存，所以才能长久啊。所以那些得道的、有智慧的好的领导人都懂得这样一个道理：总是把自己的利益放在后面，这样大家才能乐于推举他，乐于接受他的领导；凡事把自己的身体安危置之度外，反而会让自己有更好、更安稳的生存状态。天地之道以及效法遵循于天地之道的人，不就是因为他们没有私心，所以才能成就自身，取得非凡的业绩吗？

【感悟】：

老子的思想总是由天道即自然之道推及人道，以及由人组成的社会或社会组织。用天长地久这个我们经常使用的祝福语，告诉我们做管理者的人一个非常重要的道理：**后其身而身先，外其身而身存。**要想当好领导站在别人的前面，就必须把自己的利益放在后边，要想让自己或自身领导的组织（企业）生存得更好，必须把自己的利益、自身的安危置之度外。反过来说，只有这样才能成就自己的非凡！

宋代大文人范仲淹的名言：**先天下之忧而忧，后天下之乐而乐**，正是老子这句话的精彩演化。也正是毛泽东主席毕其一生倡导和践行的"为人民服务""大公无私"等共产党人的最高宗旨。这里没有否认人的自私，事实上每个人都是自私的，是要我们把自己的利益放在人民的利益后面，是要我们为了大众的利益把自己的安危置之度外，我们才能成就"自己"的事业！做企业难道不是这样吗?如果老板能够把员工的利益时常放在心上，能够时常为他人着想，为了企业发展壮大敢于投入身家性命，企业就一定会成功，也是成就了他的"私"！而且这样的老板，这样的企业才会像天地那样长长久久。

第八章　不争无尤

【原文】：

　　上善若水。水善利万物而不争，处众人之所恶，故几于道。居善地，心善渊，与善仁，言善信，政善治，事善能，动善时。夫唯不争，故无尤。

【译文】：

　　最高等级的智慧和品德就像水一样。水，十分善于为万物谋利、滋润万物，成就他人做出成绩，而不与他人争长论短，这是第一品质：**善利**。水，常处于众人所不愿去的地方，并在人们不愿去的地方行善积德布道，这是其最接近"道"的品性的地方，是其第二品质：**善下**。得道之人心胸宽广，视野高远，非常有格局，静水流深，宁静致远，沉静而又深远博大，像大海一样渊博无垠，是其第三品质：**善渊**。对待人特别是给予别人东西时真诚热情，像水一样平等仁爱，真心做到"生而不有，为而不恃，长而不宰"，是其第四品质：**善仁**。和人说话时，也一定要讲究信用，说了的话一定要做到，做不到的可以不说，不要轻易许诺，要言而有信，是其第五品质：**善信**。在官场上要做到政治清明，政清如水，把一碗水端平，方显公平公正，像水一样才能激浊扬清，把社会和事情治理好，政善治，是其第六品质：**善治**。做事情要像水一样，有多种本事却又做事专注，纵有千山阻碍万壑难越，终要奔流向海，是其第七品质：**善能**。做工作推动一件事情走向成功，也要有像水一样的智慧，要选择合适的时机，该动则动，该等待则等待，该隐则隐，该绕行则绕行，是其第八品质：**善时**。所以，也只有打造成像水一样的美德，善利不争，才不会有什么忧愁烦恼之事。如果能打造成这八个优秀的品质，也就没有什么办不成的事，就必定会走向胜利！也可概括为第九品质：**善胜**。

【感悟】：

　　上善若水，厚德载物，自强不息，如果进行统计的话，我相信这三个词语作为书法作品进行悬挂展示的频率就一定是最高的。厚德载物和自强不息出自《易经》，在此不必多说。上善若水出自《道德经》，就要好好说一下了。

　　好多人问我上善若水究竟是什么意思？今天我告诉大家，上善若水是作为管理者必须培养形成的最高品质，也是人生的最高智慧！我也可以说，上善若水就是毛泽东主席所讲的共产党人的最高宗旨：**为人民服务**。到普通人不愿意去的地方工作贡献；要心胸开阔，视野高远，有格局；对待别人真诚热情，处处体现平等仁爱，和人说话时要言而有信，担任职务要政清如水，激浊扬清，把一碗水端平；要学习掌握多种本领，锁定目标，精准施策；推动

工作进展要善于捕捉时机，懂得进退避让，总之是善利而不争，所有这些不都是为人民服务的标准吗？不就是一个共产党员的行为规范吗？所以，我们的伟大领袖毛主席一定是吸取了上善若水的智慧精华，并将其应用到了建党建军建立新中国的革命实践中，组织领导中国人民推翻三座大山，从弱小而逐渐强大，到屹立于世界民族之林。也正因为培养了一支优秀的共产党员队伍，具有上善若水的品德和智慧，中国才能由站起来走向富起来，再到现在的强起来，实现伟大的中国梦，伟大的民族复兴，迎接社会主义新时代的到来。敬爱的周恩来总理曾经说，《道德经》核心的东西就十二个字：**生而不有，为而不恃，长而不宰**。他一生以此为信条，成为全国人民爱戴的总理，崇高的威望无人能比，也是得益于《道德经》啊。

我们搞企业管理也是一样的道理，不能说要求全体员工都具有这种高品质高智慧，也一定要培养打造自己的核心团队具备上善若水的品德智慧，从而带动全体员工走向更强更大。

第九章　持而盈之

【原文】：

　　持而盈之，不如其已；揣而锐之，不可长保。金玉满堂，莫之能守；富贵而骄，自遗其咎。功遂身退，天之道也。

【译文】：

　　办事取利不可太贪，不能一味地求盈求满，这是十分危险的，不如适可而止，恰到好处。可以打个比方，如：把铁锥打磨得极为锐利，那肯定不能长久保持，一碰就断。如果创造积累的财富金玉满堂，就没办法长久守住。富不过三代的道理大家都懂，时候一到，财富就会被分化；如果富贵之后还爱炫耀，恃贵而骄，恃位而武，甚至耀武扬威，就必定会给自己带来无尽祸患，正是：德不配位，必有灾殃！取得功名财富之后要懂得不要居功自傲，而是淡然处之，或者急流勇退，这才是真正符合天道天理，符合自然运行的规律啊！

【感悟】：

　　毛泽东主席说过：谦虚使人进步，骄傲使人落后。古人有句话我们也非常熟悉：满招损，谦受益。老子在这一章就是告诉我们：物极必反，太满会溢，太尖会断！**做什么事情，都要适可而止，进退有度。太露锋芒就会遭人嫉妒和陷害，不如到一定时候功**

遂身退。

可是人的贪欲永远都无法得到满足，这一弱点也决定了其会一直追逐名利。就像那些贪官，贪污好几亿元，最后把自己送进了牢狱之中，这难道是他贪财的初衷吗？显然不是！他是没有明白这样的道理，功遂身退天之道，自己贪欲无度还想长久把持，那是根本不可能的。

老子在这一章也是直击人性的弱点：不停地满足自身的各种欲望，当一种低级的欲望得到满足后，还会自然而然地滋生出更高级的欲望，追求欲望的满足，永无止境。老子明确地告诉我们，富贵而骄，自遗其咎，必然会受到某种惩罚！告诉我们的解决办法就是功遂身退天之道。这个退，应该是身退，也就是自身的欲望、物质的欲望应该退后，就像前边讲过的：**后其身而身先，外其身而身存**，方能"天长地久"。到了一定程度，一定要把自身的利益放在后面，为了组织或为了企业的利益而将身家性命置之度外。说白了，就是为大多数人谋福利谋福祉，或者**由追求物质财富上升为追求精神财富，才会长生久视，其生命和灵魂才会永远活在百姓心中，精神永存！谷神不死！**

企业在初创阶段，规模小，人数少，这样的问题不明显。当企业达到一定规模之后，这个问题非常明显，有的老员工骄傲自满，趾高气扬，有的老板炫耀财富，不懂得低调的智慧，这些现象都给企业造成了很大的损害，还有的给自身招来祸患，引火烧身。在企业成长的过程中，这些现象的出现也可以理解，毕竟这是人性的弱点所决定的。但是，作为领导就要懂得及时止损，才是上策。教育引导企业的技术管理团队正确面对人性之弱点，从自身做起，做到"后其身而身先，外其身而身存"，那我们的企业就是建立了百年基业。遵循企业自身发展规律而打造企业，正是天道啊！

第十章　明白四达

【原文】：

载营魄抱一，能无离乎？专气致柔，能如婴儿乎？涤除玄鉴，能无疵乎？爱民治国，能无为乎？天门开阖，能为雌乎？明白四达，能无知乎？（生之畜之。生而不有，为而不恃，长而不宰，是谓"玄德"。）

【译文】：

人的灵魂和肉体能够融为一体，永不分离吗？聚集精气达到心无杂念温顺柔和的呼吸状态，能不能像婴儿那样天真无邪呢？洗涤思想灵魂深处的污垢，能不能让心灵就没有瑕疵呢？热爱百姓、治理国家，能不能遵循自然规律不要瞎折腾呢？人的感官自然开阖，呼吸吐纳，与外界的各种诱惑变化接触联系，能够守得住宁静柔和吗？一个人明白四达，通达事理，能不能不要善用心机套路呢？天地造就了万物具有生育繁殖的能力，能够做到生而不据为己有，为世间立下卓越功勋却从来没有居功自傲，滋润万物让它们自然成长却永远不处于主宰的地位，这就是"玄德"，是最高深的道德水准啊！

【感悟】：

不得不说，人类的精神和肉体经常处于分离状态，灵魂是长翅膀的，它总能飞跃到梦想的高度；

而人的肉体无法与灵魂一起飞翔。也可以把灵魂比做思想，把肉体比做现实，我们也常说：理想很丰满，现实很骨感。这就是令人痛苦、无奈和彷徨的根源。

那么如何做到灵魂与肉体的融合呢？那就要懂得修炼修养。老子在此告诉我们修道育朴的方法和过程，那就是营魄抱一，专气致柔，涤除玄鉴，无为而治，明白四达。一步一个台阶，层次逐渐提高，最后达到生而不有、为而不恃、长而不宰，一切顺应遵循自然规律，就达到了道德的最高水平，老子称为"玄德"。

我们做企业管理，在人品建树上必须讲究人格的修炼，目标就是灵魂和肉体相统一。**凡是我们的思想到达的地方，必须有具体的行动计划去与之高度融合。**这既是一个过程，也是一个行动的方案。在具体实施过程中，要不断改正自己的缺点和不足，就是涤除玄鉴；同时要专气致柔，让一切要素执行者心无杂念，专心致志，一切按自然规律、科学规律的行为准则办事；能明白理解通达事理，也就是知道事情该怎么办了，还必须注意不要为了一私之利或一私杂念而枉用心机智巧或套路。通过这一层层的修炼修养，最终**达到生而不有、为而不恃、长而不宰，就是达到了管理的最高境界！**

第十一章　无之为用

【原文】：

三十辐共一毂，当其无，有车之用。埏埴以为器，当其无，有器之用。凿户牖以为室，当其无，有室之用。故有之以为利，无之以为用。

【译文】：

古代的车轮是用木头做的，三十余条辐穿在车头上，中间留出空处，才可以装上车轴，使车轮能够转动，留出空间，才能有车的作用；揉踩陶土焙烧成为陶器，器皿中间必须留出中空的地方，才能发挥盛放物品的作用；建造房屋，有了门窗四壁，中间空的地方才有居住的作用。这三个形象的比喻告诉我们："有"和"无"相互依存，"有"给人以便利，"无"发挥了它的作用，这就是无之为用。

【感悟】：

曾经看过央视的白岩松老师一段视频，他看了老子的这段"无之为用"后，大发感慨，说真不知道天下有这么奇妙之人！竟然能这样看问题，说我们拿着这玻璃水杯喝水，这部分玻璃是"有"是"利"，但真正有作用的却是中间的"无"！我们居住的房屋，大梁、柱子、墙壁、家具这些是"有"，它们只为我们提供了便利，真正有用的是"无"，中间空出来的部分！真是神奇了！西方的哲学家黑格尔也惊叹于老子的冷静达到了令人窒息的境界！老子分析问题正是于"静"中出奇思，用三个形象的比喻，实际上阐述的是"有"和"无"这对矛盾的辩证关系，既互相矛盾，又相互依存，没有无也就无所谓有，有和无，既对立又统一。看问题要以有为末，解决矛盾要以无为本。

在日常企业管理实践中，既要对"有"进行创建，建立各种规章制度、奖励惩罚制度、创新机制、人才成长机制等，这些都是员工能够看得见的东西，是有之以为"利"；还要十分重视"无"的作用，游戏规则制定好，还得中间留出"空间"，有发挥的空间，灵活的余地，不能管成一潭死水。这里的"无"主要指企业精神面貌、工作作风、员工和管理层工作或待人接物中体现出来的气质等；如果只看到"有"的方面的作用——有之以为利，看不见"无"的方面的作用，那就只能进入一个非常病态的状态之中。**如果只看重"有"的实力，看不到人的精神世界的伟大与作用，看不到思想的伟大与作用，那我们就只会走向相反的地方，与我们的目标方向相背的地方。**特别是一个企业达到一定规模以后，最高领导者必须一如既往地保持"虚空"的状态，"虚静"的状态，才能够看到别人的长处，听进别人的意见，不断学习进步，**"沉舟侧畔千帆过，病树前头万木春"**，否则只能是泰极否来，终将被历史的潮流所淘汰。

第十二章　去彼取此

【原文】：

五色令人目盲，五音令人耳聋，五味令人口爽，驰骋畋猎令人心发狂，难得之货令人行妨。是以圣人为腹不为目。故去彼取此。

【译文】：

五彩缤纷、光怪陆离的生活，会使人眼花缭乱，失去辨别事物本质的能力；纷繁嘈杂的声音，喧嚣的闹市生活，会使人们的听觉系统受到伤害，优美旋律和闹市噪声混合就会走调，其令人陶醉的享受就会变成痛苦的煎熬；浓郁可口的风味佳肴，最容易败坏人的口舌，使人产生味觉错乱，口舌麻木，嗅觉失灵，也就无法辨别各种美味了；纵情猎场，醉心于声色犬马的生活，容易使人的心情放荡发狂，从而使人的精神变得疯狂和残忍，偏离正道；稀奇珍贵的东西容易使人行为不轨，失去操守，犯下偷盗的罪行。五色、五音、五味以及驰骋田猎等这些都是外在的东西、外在的诱惑，并不是人的本质需求，我们应该注重实质，追求内心的返璞归真和平静虚静。所以，那些得道的高人只求三餐温饱，注重营养，却从不去追逐声色犬马之娱，摒弃物欲的诱惑而保持安定知足的生活方式才是我们应有的状态。

【感悟】：

我们的内心如何达到"虚无""虚静"的状态？须经过一个修炼的过程，人的本性决定了其追逐名利永无止境，克服本性上升到道家所谓的虚静状态，需要克服诸多困难。老子在此讲的五色、五音、五味以及驰骋田猎等可以说都是陷阱，而不幸的是我们几乎每天每时每刻都生活在这些陷阱诱惑之中，老子明确地讲出了这些陷阱的危害，就是要我们时刻保持警惕！要追问自己的内心，这些外在的东西，浮夸的东西，难道真的是我们的需求吗？警惕的同时，其实也在告诉我们一种实现内心"虚静"的方式。又在最后告诉我们圣人的生活方式，"为腹不为目"，是为了吃饱肚子不是为了眼睛好看，不是为了炫耀。凡事追求本真最好。买个包包，能装自己的东西就好，为什么非要吃亏上当花费巨资去买什么"LV"呢！宗旨是**要摒弃外在的物欲诱惑，追求本真、安定、知足**。我也愈来愈觉得在我们生活的这个光怪陆离、五彩缤纷、物质极度丰富、充满诱惑的世界，能够追求本质俭朴的生活确实是一个更高的精神世界，人的一生千万不能以追求吃得更为丰盛为生活目的。《人民日报》几次发表文章强调极简主义生活方式，其本源正在于此。沉迷于感官上的享受享乐，一定会导致人们感触功能减退，会使人的品行偏离正道。2013 年 6 月在北京召

开中国共产党的群众路线教育实践活动工作会议上，习近平总书记强调，这次教育实践活动的主要任务聚焦到作风建设上，集中解决形式主义、官僚主义、享乐主义和奢靡之风这"四风"问题。要对作风之弊、行为之垢来一次大排查、大检修、大扫除。"四风"是违背党的性质和宗旨的，是当前群众深恶痛绝、反映最强烈的问题。"四风"问题解决好了，党内其他一些问题解决起来也就有了更好条件。总书记倡导的反"四风"与老子两千多年前的论述如出一辙！"四风"问题确实对社会的危害太大了。

第十三章　宠辱不惊

【原文】：

宠辱若惊，贵大患若身。何谓宠辱若惊？宠为上，辱为下；得之若惊，失之若惊，是谓宠辱若惊。何谓贵大患若身？吾所以有大患者，为吾有身；及吾无身，吾有何患？故贵以身为天下，若可寄天下；爱以身为天下，若可托天下。

【译文】：

受到宠爱和受到侮辱都会像受到惊吓一样，把宠爱和荣辱这样的大患看得与自己的生命一样珍贵。那么怎样理解得宠和受辱都会感到惊慌失措这件事呢？受到宠爱其实是卑下的，因为宠爱是别人给予的，得到宠爱时，害怕失去，所以会感到惊恐，失去宠爱则更令人惊恐不安，这就叫宠辱若惊。

什么叫"贵大患若身"？也就是如何理解把握重视自身的荣辱像重视生命一样呢？我之所以有"大患"，也即身体有祸患，是因为我有身体这具"臭皮囊"，如果我能舍生取义，关键时候奉献出自己的生命，那我还有什么祸患呢？所以要珍惜爱护自己的身体，把天下看得和自己生命一样宝贵的人，可以把治理天下的重担交付于他；像爱惜生命一样爱惜天下的人，就可以把天下委托给他了。

【感悟】：

人作为情感动物，对荣辱的情感体验十分敏感。因为芸芸众生奔走于各种名利场，不可能完全摆脱荣辱的影响。面对荣辱，哪怕是一句简单的表扬与批评，人们都会有不同的反应。受到恭维和称赞，心里会感到喜悦，受到嘲讽和责备，则会感到愤怒。但这种反应都是暂时的，人类终是有患得患失的特点。得到宠爱并不会令我们永远快乐，受到责骂，也不会永远表现出不安恐慌。这一切都是由人类自身的弱点决定的。所以，我们现代社会经常讲的"宠辱不惊"，实在是难得的一种思想和智慧，具有"宠辱不惊"这种品德的人，确实是难得难造之才！一个人总是惊慌失措，慌里慌张的，不能淡定从容，他怎么可能担当重任呢？毛主席诗云：不管风吹浪打，胜似闲庭信步！古人讲：胸有惊雷，面如平湖，可拜大将军也！说的都是这个道理。

世间的人为什么总是念念不忘自身利益，并且为自身的利益患得患失呢？就是因为身上缺少精神追求。如果以自身的利益为宗旨，以自身的患得患失去治理管理，那么只能做个普通人，绝不配去治理天下；如果你像爱惜自己的生命那样去爱惜天下，那么就可以把天下的重担托付给你；如果你为了实现理想可以奉献生命，那就可以把天下寄托于你了。

老子在此阐述了一种非常豁达的人生荣辱观，也在告诫我们应该树立怎样的精神价值追求，老子讲的是管理学、领导学，作为管理者、领导者应该具有这种宠辱不惊，爱以身为天下的高贵品格。但反过来，具有这种品格的人，不正是我们人才选择的最优之道吗？

所以，但凡从事领导工作，从事企业管理工作，都存在一个人才选拔的问题。就看他两点，一是具有什么样的荣辱观，二是他爱岗敬业的精神态度。两者都具备了，提拔委以重任，必定会率先垂范做出优异的成绩。

第十四章　执古之道

【原文】：

视之不见，名曰"夷"；听之不闻，名曰"希"；搏之不得，名曰"微"。此三者不可致诘，故混而为一。其上不皦，其下不昧，绳绳兮不可名，复归于无物。是谓无状之状，无物之象，是谓"惚恍"。迎之不见其首，随之不见其后。执古之道，以御今之有。能知古始，是谓道纪。

【译文】：

我们把用肉眼看不见的东西，称之为"夷"；用耳朵听不见的声音，称之为"希"；当一个东西小到无法被我们摸到时，我们就称它为"微"。夷、希、微这三个概念，你只要用心去感悟，就会发现它是普遍存在的，但我们无法穷究其本质和真正的内涵，它们是不可分割的一个整体，我们称之为"一"，也就是万事万物运行的普遍规律。

物质运动的普遍规律是客观存在的，虽然它看不见、听不见、摸不着，却超越任何事物，处于支配地位。表面上看它也没有显得特别明亮，再往深究，它也不显得阴暗晦涩，无头无绪绵延不绝却又不可名状，无法用语言给出它的准确定义，周而复始地处于运动之中，始终是"大象无形"的一种状态。它就像风一样，没有具体的形状，也没有能够比喻清楚的形象，我们姑且称其为"惚恍"吧。你去前边迎接它，却看不见它的头在哪里；你去后面追赶它，却看不见它的尾巴在哪儿，但它确实是真实的客观存在的。如果我们能掌握过去早已存在的物质运动变化的客观规律，就一定会驾驭现实社会的具体事物。能够认识了解宇宙运行变化的各种状态，就是**认识了解了"大道"的客观规律，就可以做到知过去，探未来，识破天机，明察秋毫，无往不胜。**

【感悟】：

　　习近平总书记在《之江新语》中引用了这一章的一句话："执古之道，以御今之有"，意思就是在我们中国文化历史里边蕴藏了很多古往今来的"大道"，只有把这些大道了解了、掌握了，你才能够驾驭现代的社会做好今天的事情。那究竟什么是"道"？在前面各种解释的基础上，老子又换了一个角度，换了一种思维方式进一步阐述，说"道"这个东西啊，看不见、听不见、摸不着，但它确实是真实存在的，而且还无时无刻地发挥着无比巨大的作用。比如举世闻名的大科学家牛顿发现的万有引力定律标志着近代科学的形成，具有非凡的意义。任何物体之间都具有相互吸引力，这一点大家都承认、都接受，但你能看得见、摸得着这个引力吗？当然了，你更不能听得见它，但引力客观存在，万

有引力定律主宰着宇宙世界的运行，大到天体的运行，小到我们生活中常见的任意两个物体之间的相互关系。再比如，物质世界的原子、电子、粒子等，看不见、听不到、摸不着，却客观存在，起着决定性作用。但好像事情也不能这么简单理解，毕竟大千世界，天道运行，有太多的奥妙人类至今无法理解掌握，所以，老子的重点是给我们启示：**执古之道，以御今之有，能知古始，是谓道纪**。这个道纪就是大道的纲纪和规律。不断地总结探寻万事万物运动变化的本质规律，才是我们的重中之重。毛泽东主席探寻掌握了中华民族民主革命的本质规律，农村包围城市，枪杆子里出政权，夺取了天下，建立了中华人民共和国；邓小平理解掌握了中国老百姓追求改善提高生活水平的物质和精神需求规律，领导全国人民走向富裕；习近平总书记理解掌握了中华民族实现伟大复兴中国梦的内在需求规律，领导全国人民"强起来"，不久的将来，中国人民一定会实现其"两个一百年"之宏伟蓝图。一个企业的领导者，如果能遵循掌握企业发展的客观规律，就一定会带领企业走向更大更强，茁壮成长。

第十五章　微妙玄通

【原文】：

古之善为道者，微妙玄通，深不可识。夫唯不可识，故强为之容：豫兮，若冬涉川；犹兮，若畏四邻；俨兮，其若客；涣兮，其若凌释；敦兮，其若朴；旷兮，其若谷；混兮，其若浊；〔澹兮，其若海；飂兮，若无止。〕孰能浊以静之徐清？孰能安以动之徐生？保此道者，不欲盈。夫唯不盈，故能蔽而新成。

【译文】：

古时候，那些善于做管理做领导的人，也就是领着大家伙做事情的人，简称为"士"。这些基层的领导者、管理者，也需要较高的智慧水平和素质修养，这是一般常人难以理解的。正是因为一般人难以理解识别，那我就给大家形容一下，比喻一下，做一个优秀的管理者、领导者究竟需要什么样的智慧和素养。

首先，做事要小心谨慎，慎终如始，则无败事。就像冬天行走在结冰的河面上，一步都不能放松，如临深渊，如履薄冰；也要像防备着邻国的侵略一样，时刻保持警惕戒备，一点不敢放松，一点不敢松懈。**第二，做事要严谨、严肃，**不能轻浮，更不能马虎，时常保持一种端庄严谨的态度，就像到别

人家里做客一样。**第三，我们说话和做事要善于给人营造一种温暖的感觉**，让人心中的坚冰一点点地融化，创造和谐愉快如沐春风的良好人际关系。**第四，做人做事要厚道纯朴，要心怀坦荡**，返璞归真，须知：厚道才是最高明的境界。**第五，要有宽广的胸襟，虚怀若谷**，要容人容事还得容言，像山谷一样，旷远豁达，幽深而宽广。**第六，你要和大家打成一片**，浑然一体中还能保持自我的清廉，像水一样能做到和光同尘。

那么，怎样才能让混沌浮躁的内心世界停下来变得清澈呢？办法就是**先静下来，慢慢地让它沉淀，只有宁静才能致远**。怎样才能让宁静虚笃的这种状态保持长久呢？办法就是在各种运动变化中寻找普遍真理并在此过程中培养练就出宁静致远的本事，这样才能长久。

以上就是作为基层领导者、管理者需要具备的智慧和素质修养，能够保持这种素养的人，**往往事不求满，也从来都不会求全责备**，也正是因为他们有这样的品格，所以能够去故更新，时刻保持一种昂扬向上的姿态。

【感悟】：

老子在这一章讲的是如何打造核心团队以及核心团队成员需要什么样的素质修养的问题。你看汉字"士"，一个十，下面"一"，其本意为十个人中挑选出一个。干什么？从事管理或者领着大家做事情。所以，"士"就是基层管理者，是管理团队的成员。那么这些人需要怎样的智慧和素质呢？老子在这里讲的其实是两个意思，一是以古喻今，古代的"士"具有什么样的智慧和素质，二是我们现在的人应该培养练就怎样的智慧和素质，才能做事成功，做到蔽而新成，本质是同一回事。

老子在此一口气罗列了六个必备素质，做事要小心谨慎，慎终如始，方能无败事，所以习近平总书记提倡"不忘初心，方得始终"，工作作风要严谨端庄，说话办事要给人以温暖的感觉。美国管理大师彼得·德鲁克说，**管理就是向人们传达善意**。东西方哲学真的情同此理啊。**做人要厚道，做事要周到**，要有宽广的胸怀，还要和被管理者打成一片。还告诉我们实现到达理想彼岸的两种方法，**静之徐清，动之徐生**。一切事情不要着急，慢慢来，先静下来，事情就会变得清澈透明，但是又必须在动态中也就是在事情的发展变化中找到具有生命力的解决办法。老子讲的具备这些品格和修养的"士"也正是老子哲学的传道者，是实现其政治理想的依托者，管理企业或一个组织难道不是这样吗？老子讲的智慧素质修养，以及为我们提供的方法论其实正是我们打造核心团队最好的参考标准，有这样一个高素质团队，我们的目标和理想还担心实现不了吗？

第十六章　致虚守静

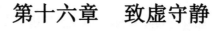

【原文】：

致虚极，守静笃。万物并作，吾以观复。夫物芸芸，各归其根。归根曰"静"，静曰"复命"。复命曰"常"，知常曰"明"。不知"常"，妄作凶。知"常"容，容乃公，公乃全，全乃天，天乃道，道乃久，没身不殆。

【译文】：

修炼自己的内心达到物我两忘的境界，也就达到了"宁静"的状态。这个世界的万事万物都在按照自身的客观规律运行，循环往复，以至于无穷无尽，天下万物虽然纷纷芸芸，但最终都将回归到它们的根本状态。回归其根本，就叫"静"，也只有"静"才能使生命复归，这就是天下万物生存发展的内在规律。能够认识到这个规律就叫做"明智"。不懂得这个常态规律，轻举妄动就会有凶险之灾。了解掌握这个规律并按照规律规则办事做人，就会成为一个胸襟宽广的宽容之人，做到了宽容就会坦然公正，主持正义公平，公正之人才能内圣外王，才符合天道，符合物质运动的客观规律，这样才会长生久视，终生不会受到任何危险。

【感悟】：

这一章老子讲了个人修炼要达到的最佳状态：

致虚极，守静笃，就这六个字。他说：我观察这芸芸众生啊，都像小草一样，生命力极强，春天发芽生根，夏天茁壮成长，秋天秆枯叶黄，冬天就枯槁凋亡，但到了第二年，野火烧不尽，春风吹又生。一年一年的都是如此，循环往复，但是这一切都是表面的现象，能够循环往复不断生长壮大的根本原因是因为有根在！有这个根在，生命就在，生命力就在！这就是草根运行的客观规律，只有寻找或发现了事物生存发展壮大的客观规律，也就是发现了万事万物的本真面目，才能达到"虚极静笃"的无我状态，达到宁静致远。马克思的辩证唯物主义和历史唯物主义论，揭示了一条很重要的真理：世界是物质的，物质是运动的，物质运动是有规律的。他教导我们，要透过现象看本质，在事物的发展变化中发现事物运行的普遍原理。这一基本原理与老子在此倡导的哲学观正是不谋而合，非常现实地告诉我们人生在世做人做事的方式方法。在阐明了这一普遍真理之后就是在实践当中的应用了。用了一段推理演绎，把普遍真理应用到实践当中就能够做到胸襟宽广，坦然公正。只有公正，才能把事业做强做大，兴旺发达，才能符合自然运行的地道——厚德载物，才能符合自然运行的天道——自强不息，这样事业才是地久天长，永远不会有什么危险啊！

　　前一章讲了打造核心团队提出的六个标准，我

觉得这一章是前一章的更高层次！做事修为，致虚极，守静笃，不断地清空自己，守住本我的底线，这是对事物运动变化发展过程中提出的更高要求。

试想一下，如果在工作中取得一点成绩，就骄傲自满，甚至狂妄自大，那就必然会给企业和自身带来无法言状的凶险。而我们办企业，干事业，追求的是为社会、为国家、为股东、为员工创造物质财富和精神财富，当然自身的价值就在这个过程中实现了最大化，所以在创造财富的过程中，**致虚极，守静笃**，就显得尤为重要！也只有明白了这些普遍存在的真理，才能做到公平正义，才能使企业健康成长，实现可持续的长久发展。如果做不到呢？老子用一个字形容：凶。

生活中狂妄自大的人有很多，我们常常见到迷失了自我的所谓富豪、土豪，整天端着个架子，到处炫耀，整天觉得自己比别人不知要高明多少，就是不明智啊！是没有智慧的表现，内心浮躁妄动，不能有片刻安静！没有安静，就不能安稳，终有一天要跌落神坛，最后会很惨！

第十七章　功成事遂

【原文】：

太上，不知有之；其次，亲而誉之；其次，畏之；其次，侮之。信不足焉，有不信焉。悠兮其贵言。功成事遂，百姓皆谓："我自然。"

【译文】：

最有智慧的领导者，下边的人只知道有这么一位领导存在却从不见他发号施令，而一切事情都在有条不紊地自然而然运行之中；第二等的领导者，有所为，敢担当，和下边的人关系亲近，受到了大家的喜欢和赞誉；第三等的领导者制定了严格的法则，处事严厉，动辄重处重罚，待人严肃冷酷，大家都非常害怕他；最差的领导者做事不端，恣意妄为，甚至胡作非为，大家一起反对他、侮辱他，到了一定时候会团结起来推翻他。当领导的人信用不足，老百姓自然不会相信他。那些好的领导者自己过得悠闲自在，谨言慎行，不肯轻易指责指使下属。等到事情都办成了，老百姓都会说是大家一起努力奋斗，自然而然地把事情做成的，大家也是悠然自得，其乐融融。

【感悟】：

我们做企业管理工作，或者领导一个组织一个部门工作，哪怕你是一个"家长"，在家庭里边掌

舵决策管理，都存在一个问题，究竟什么才是好的领导呢？达到一种什么样的状态境界才是高水平的领导呢？老子在此给我们列了四个层次。最有水平有智慧的叫"太上"，"太上"是一种什么状态呢？不知有之！不知道有这么一位领导存在。这就是无为而治。一切按照既定的符合实际的规则制度行事，大家自觉遵守规则积极行动，而不需要你这位领导颐指气使，指东指西。也就是你作为领导者，该你做的部分你要做，不该你做的部分，你不要什么事情都事无巨细地去管，去插手，好像没你不成，这样反而会事与愿违，根本达不到预期效果。作为领导，你在与不在都一样，一切顺理成章、水到渠成，达到这种状态的领导，才是最好的最有智慧的领导。再往下的领导者依次为，得到老百姓喜欢赞誉的领导、老百姓都感到恐惧害怕的领导，以及老百姓团结起来反抗他、羞辱他的领导。其实，凡是从事领导管理工作的人，都可以对号入座，自己评判一下处于哪个层次。在前面几章里，老子教诲我们的方法论告诉了我们怎样才能修炼成一个好的领导者，这一章从结果上对领导水平进行了评判，提出了好领导的标准。实际上，也是给人以警醒！如果你是第三层，那还不至于太危险；如果不幸处于第四层，那真该反省一下了。反过来讲，我们也可以向上求进，处于第四层，就向第三层精进；处于第三层，则向第二层精进，直至达到最高层次。太上，不知有之。这样领导水平不也是在逐渐提高吗？管理既是科学，也是一门大学问，非日日精进，无以至"太上"之水平啊！

诚然，谋事务求成功，是一种境界。否则结果就是劳民伤财！怎样做呢？用老子的话讲叫"无为而治"，不妄为！用现代科学的话讲叫一切按客观规律、按科学发展观办事。作为领导者，定要树立两个形象，一是"信"，有信誉，讲诚信，信不足则会有人"不信"，不信则事不成！二是要"贵言"，要谨言慎行，讷于言而敏于行，则会功成事遂。不要乱说话，瞎说话，说了的话一定要算数，不算数不是等于胡说吗！所以**"立信""贵言"也就是领导者的必备素质了。**

管理讲的是顺理成章，水到渠成，既需要领导者明白事理，把握好方向，做好规章规划，也需要领导者立信树威谨言慎行，则功成事遂就是必然结果了！

第十八章　大仁大义

【原文】：

大道废，有仁义；智慧出，有大伪；六亲不和，有孝慈；国家昏乱，有忠臣。

【译文】：

当大道被荒废抛弃之时，就有人站出来提倡仁和义了；当投机取巧、动用谋略、人为炒作被社会推崇而大量应用的时候，必然会伴随虚伪狡诈；父子、兄弟、夫妻不能够和睦相处时，才会显现出孝敬、慈祥的重要而被人倡导；国家安定，人民富足，幸福自由的时候，忠臣并无多大用武之地，只有当国家处于混乱之中时，才会彰显忠臣对国家的重要意义。

【感悟】：

老子实在是一个善于观察事物的高人，他总能从事物的表象看出问题的实质，从结果看出原因。这个本质和原因往往就隐藏在表象和结果的背后。老子在此正是应用了反向思维的方法，大道没有了，被抛弃了，就有人来提倡仁义了，越缺什么就越提倡什么。越是提倡关爱妇女儿童，越说明妇女儿童是弱势群体，需要国家倡导去提升妇女儿童的地位，达到公平，主张正义。人人都想拥有智慧，从古至今都是如此。现代社会大力倡导终身学习，鼓励

"活到老学到老"。还有人说只有学到老才能活到老，不都是为了让人们拥有更高的智慧水平吗？但智慧这个事儿的反面也有可能被人利用，如果用于为老百姓办事，用于行善积德，那就是好的，应该大力提倡；可一旦用到损人利己的事情上，比如，用于欺骗，那就十分可怕，骗人的人不都是认为自己智慧高、智巧高，能蒙骗别人吗？任何一件事情都有它的两面性，没有绝对好的事情，也没有绝对不好的事情，这就是老子的辩证法。我们可以将老子的这种思维方式应用于企业管理当中，那就是在企业文化建设中，不去刻意地提倡什么，倡导什么，而是按照企业的规律建立一套体系，让企业按照本来应有的规律去运行。比如，有很多企业倡导干部职工热爱学习，不如建立一套促进职工利用业余时间学习研究知识技术的体系，用心打造成学习型企业，**让员工在工作中学习，在学习中工作，工作和学习结合起来。**这样，工作业务水平就会显著提高，职工个人学习能力也会随之提高，职业素质也在工作学习中得到历练提升。这不是两全其美的好事吗？

第十九章　少私寡欲

【原文】：

绝圣弃智，民利百倍；绝仁弃义，民复孝慈；绝巧弃利，盗贼无有。此三者，以为文，不足。故令有所属：见素抱朴，少私寡欲，绝学无忧。

【译文】：

那些高水平的管理者，抛弃了智谋算计和巧言令色，只以真诚待人，对老百姓就会有百倍之利；完全按道的宗旨行事也就是遵循自然规律办事，不需要倡导什么仁义，老百姓就会恢复到父慈子孝的本真状态；抛弃为了一己私利而投机取巧唯利是图，天下也就没有盗贼生存的土壤了。但仅有这三条还不足以行文颁布号令天下，还需让人们的精神世界有所归属，构造幸福人生的价值观体系。宗旨就是保持纯洁质朴的本性，见素抱朴；减少私心私欲，保持清静为本，少私寡欲；把天下大道的学问掌握透彻，就会无忧无虑了。

【感悟】：

现在来看，前面的十八章，是老子对出现的社会弊病发出的感慨，本章是进一步阐述，并提出了治理方法。作为高水平的管理者，一定要真诚待人，按规则行事，不可精于算计别人，更不能投机取巧唯利是图而失去道义，君子爱财要取之于"有道"。

但老子说，还必须"令有所属"，紧接着为我们提出了三个价值观要素，即**见素抱朴，少私寡欲，绝学无忧**。非常有意义。很多人把"见素抱朴"当作自己的座右铭，回归本真，返璞归真之意油然而生。尤其在当今这个人心浮躁的时代，私欲泛滥，利令智昏之贪婪现象很多，"见素抱朴"显得尤为珍贵！在物质生活和精神生活正在日益丰富的当今世界，把少私寡欲作为一种精神追求，也就是不要一味地去追逐私利，要为老百姓谋福祉；要保持精神独立，经得起外面世界的各种诱惑而主张和维护公平正义。宋代有个大学问家叫张载，其四句话最著名——**"为天地立心，为生民立命，为往圣继绝学，为万世开太平"**，可谓是古往今来学者文人的终极追求！这就是精神依托，令有所属。实际也是要求我们要做好学问，把天下的事弄明白了，也就不会有什么忧虑了。宋代还有一位哲学家叫冯从吾，他把博大精深的中国文化学问概括为一百零八个字，又进一步精简概括，最后只剩下三句话，冯先生认为古往今来的大学问，其实都不出乎这三句话！即**"做个好人""存点好心""行些好事"**。这就是作为人类本来就应该有的样子。做好人，身正心安梦魂稳；行好事，像雷锋那样，时刻想着践行为人民服务；存好心，时常向人们向周边向社会传达善念，行善积德，这不就是我们人类共同追求创造的美好家园吗？

第二十章 独异于人

【原文】：

唯之与阿，相去几何？善之与恶，相去若何？人之所畏，不可不畏。荒兮，其未央哉！众人熙熙，如享太牢，如春登台；我独泊兮，其未兆。沌沌兮，如婴儿之未孩；儽儽兮，若无所归。众人皆有余，而我独若遗，我愚人之心也哉！俗人昭昭，我独昏昏；俗人察察，我独闷闷。（澹兮其若海，飂兮若无止。）众人皆有以，而我独顽且鄙。我独异于人，而贵食母。

【译文】：

你说真心诚恳的响应同意与阿谀奉承，从外表上看起来能有多少差别呢？善恶美丑的边界究竟在哪里很难界定，我们又怎么能明确识别呢？大家都敬畏的，自己也要敬畏，不可以不敬畏啊！这里边所蕴藏的智慧真的是无边无际。众人欣喜若狂，就像参加盛大的宴会享受美味佳肴，又像在春光明媚、风和日丽的日子里登上高台，观赏领略仲春的美景，心旷神怡。而我却独处一角心如止水，无动于衷，只求淡泊宁静没有一丝的担忧征兆，就像刚刚出生的婴儿一样连笑也不会，真是混混沌沌的糊涂模样啊！我追求精神世界的独立和不断升华，就像长途跋涉的行者，虽然已经疲惫，但矢志不移没有归途。

众人都在炫耀自己的财富，而我却好像什么也没有，感到的只是太多的不足！我真的是太愚笨了，简直就是混沌无知！当别人都能自炫光耀的时候，只有我昏然蒙昧；当别人都好像能明察秋毫精明灵巧的时候，我总是闷声不言，吃了亏也似无所知，淡定从容就像平静的大海一样深沉，力量无穷像狂风一样不受控制。众人都好像很有作为，而我却似冥顽鄙陋的乡下人，显得愚昧笨拙，什么都不懂。我总是和那些世俗之人不一样啊，因为我在不懈地追求大道，渴求精神的宁静。这才是我最为珍贵的！

【感悟】：

有人断言本章是老子思想的精华所在，堪称《道德经》之灵魂，而整章行文风格像极了一位饱经风霜、思想深邃睿智的老者的独白，或对自己灵魂深处的深刻剖析，老子本就是真正的得道之人，他用自画像的形式，描绘了得道者和"俗人"的本质区别，让我们看清了世俗乱象的同时，也明白了人生应该有所追求，以及追求什么，怎样追求，描绘了一个"大智若愚"的得道者形象，也刻画了"俗人"之肤浅丑陋，表现了有理想有抱负与追逐名利之本质区别。

在常人看来，美和丑是对立的。人们普遍偏爱美好的事物，而讨厌丑恶的事物，受这种想法驱使，人们往往会不惜一切代价去追求美好事物，于是，

当追求得到满足时就欣喜若狂，而一旦求而不得，则会沮丧郁闷痛苦不堪。这种人生正如叔本华所言：人生是无聊的，人生就是在痛苦和无聊之间像钟摆一样来回摆动，欲求得不到满足就痛苦，得到满足后又觉得无聊，于是据此得出结论，人生没有任何意义，也没有什么价值。为什么会这样呢？其本质是没有"得道"，得道之人，其心中本来就没有美和丑的区别，一切顺应自然，绝不刻意追求财富虚名等满足自己，也就无所谓得和失，也就不会有什么痛苦和烦恼了。老子通过众人的贪婪和浮躁来反衬自己的淡泊名利，无欲无求，自然也就无忧无虑。沉浸于大道之中，也就是孜孜不倦探求真理于大千世界，这才是真正的至高境界。

事实上，物质世界和精神世界都是无止境的，但前者之得失常使人痛苦无聊，精神世界却只有日日精进，所有的物质都是短暂的，精神的伟大却可以源远流长，永存于世。

第二十一章　孔德之容

【原文】：

孔德之容，惟道是从。道之为物，惟恍惟惚。惚兮恍兮，其中有象；恍兮惚兮，其中有物。窈兮冥兮，其中有精；其精甚真，其中有信。自今及古，其名不去，以阅众甫。吾何以知众甫之状哉？以此。

【译文】：

能包容万物之人就是有德性之人，而有德性的人，就会坚定地按照社会科学和自然科学的客观规律行事做人。世界的本质规律是恍惚难知的，需要我们不断地在事物的运动变化发展中探索求知直至顿悟透彻，才能理解掌握。但万事万物的运行既有本质规律，也一定有征兆显现，有内在联系，也有外观特征；它广博深远，无所不在，却万变不离其精髓，而且可以得到验证。从古至今，天地万物都是遵循其内在本质规律运行的，我们可以从其运行的规律轨迹中审视那些遵从道义的大德之人，他们的德行永远昭示后人。得道的人是如何知道他们的德行符合天地万物运行的客观规律呢？因为道者同于道，拥有共同的世界观和价值观，就可以相互间有深度的理解。

【感悟】：

老先生在这一章阐述了"道"和"德"的关系。

"孔德之容"，孔就是大，那些具有大德之人是什么形象呢？惟道是从。老子认为德是博大深远的，无所不包容的，可以包容万物，也是由"道"衍生而成的，受道的支配，也就是惟道是从。大道是虚无的，是恍恍惚惚的，看不见，却真实存在，支配着万物的运行，这就需要不断地学习探索。大德惟大道之命是从，大德与大道是相融相通的，它像大道一样恍恍惚惚难以把握，道是德的根本，德是道的体现，无道就无德，有道就有德，合于道者则有德，不合于道者则无德，道体现的是宇宙观和世界观，德对于人类而言，是品格是德行，是人生成功必备的内在素质标准。只有真正领悟天道的人才能拥有大德，才能将德行发挥到极致，正确认识道和德的关系，才能建立正确的价值观和人生观，才是一个人一生是否幸福成功的根本所在。

毛泽东主席曾经讲过，革命工作靠的是两结，一个是**团结**，一个是**总结**。团结什么人？当然是志同道合之人，怎么团结？必须遵从道的原则，公平、公正、客观，按规则来，必定能做到团结大多数人。而作为管理者，不遵守规则，一碗水端不平，怎么能团结别人呢？显然做不到！总结什么？总结工作中存在的问题，总结发现工作过程中存在的好的做法和经验，有什么教训，以利今后工作中扬长避短，好的发扬光大，不好的加以克服改进，其实就是总结"道"，总结事物运行变化的客观规律。谁主动掌握了这些方式方法，并以此来塑造共同的价值观和人生观，谁就是得道之人，可以成为好的领导者、管理者，也可以称之为"大德"之人。

第二十二章　圣人抱一

【原文】：

曲则全，枉则直，洼则盈，敝则新，少则得，多则惑。是以圣人抱一为天下式。不自见，故明；不自是，故彰；不自伐，故有功；不自矜，故长。夫唯不争，故天下莫能与之争。古之所谓"曲则全"者，岂虚言哉？诚全而归之。

【译文】：

做人要懂得委曲求全的道理和智慧。要像水一样委婉迂回要比直线前行更早到达目的地，只有把自我放低，处于低洼之地，才能让自己充盈灌满；世界之道，生生不已，但正是因为这个世界有生有灭，所以才能生生不息。认为自己知道得少才能不断努力进步，才能有所得；总以为自己无所不知，则会感到非常迷惑。所以，天下得道的人坚守信仰，坚持遵循事物发展变化的客观规律来处理言行，不自我表现所以显得非常明智；从来不自以为是，凡事以科学客观的态度待之，所以总能彰显美德；从来不通过贬低攻击别人来抬高自己，所以能功德无量；从来不骄傲自大自负，所以能不断成长。正是因为善于谦让，从不与世人争名争利，所以，天下反而没有人能争得过他。古往今来，委曲求全，忍辱负重这些道理真的是没有一句虚话，它们是实实在在的真理，都可以在实践中得到验证。

【感悟】：

这一章是老子辩证法的集中体现。全章用六个短语形象地阐述了矛盾的对立统一，反映了任何事物都存在对立统一的两个方面。主题是委曲求全，忍辱负重，这其实是一种低调做人、高调做事的大智慧。而普通人不懂得这一点，看问题要么看不到深层次内涵，要么看不到事物的反面，只有得道之人才能遵循和应用此道，全面而深刻地认识事物的本质。

老子的委曲求全之道，告诉我们：任何事物都是螺旋式上升，波浪式前进，这个道理在为人处事上可以释放出巨大的能量。做人过于清高，必然招致嫉妒打击；为人过于强势霸道，必然会树敌过多而不能长久；待人过于严苛必然被人孤立。而保持低调，委曲求全，不但能够避害，还十分有利于达到自己的目的。

圣人没有分别心，对待所有的事物都是一样的态度，不会另眼相看，一切都顺应自然，淡泊而宁静。他们不会与世人相争，而是始终能坚持真理，坚持与大道为一体，万物皆源于大道，和大道同体的人岂不是拥有了宇宙万物，还有什么可争的呢？**因此，委曲求全，忍辱负重是最为聪明智慧的处事方略**，这是解悟大道之人的真正"大德"，也只有这样的人，内心十分宁静，才会释放出耀眼的光华，照耀世人。

第二十三章　希言自然

【原文】：

希言自然。故飘风不终朝，骤雨不终日。孰为此者？天地。天地尚不能久，而况人乎？故从事于道者，同于道；德者，同于德；失者，同于失。同于道者，道亦乐得之；同于德者，德亦乐得之；同于失者，失亦乐得之。（信不足焉，有不信焉。）

【译文】：

当领导做管理工作要珍惜自己的语言，尽量少说话，不要轻易地去发号施令。这是合乎自然的，合乎科学规律的！比如：台风来袭非常猛烈，但它也猖狂不了一个早上，一会儿就会过去；暴雨降临，再大也下不了一整天。这狂风暴雨是谁造成的呢？当然是天地啊！天地以狂暴的方式形成了狂风大雨都不能长久，何况是人类呢？所以说啊，遵从于自然规律、科学规律的人，都会成为同道中人；按照客观规律办事做人的，都会成为同德之人。而那些不遵从客观规律，不按客观规律做事之人，我们称之为失道失德之人，这些人也会物以类居、人以群分聚集到一起。遵从事物的本质规律并不断探求真理的人，就会得到同道中人的喜欢；按照事物的本质规律做事的人，就会得到同德之人的喜欢；而那些既不追寻事物的本质规律又不按照客观规律做事的失道失德之人，是不会有什么好结果的，必然是损失、倒霉、受伤害伴其终生。这些失道失德之人诚信不足，大家都不会信任他们，自然就什么事也办不成。

【感悟】：

这一章老子从"少说话合乎自然"这一论点出发，提出了一个重要的哲学思想，即一个人的内心修养、行为方式与他的外在境遇是相适应的。他对自然之道领悟到什么程度，自然之道就会给他什么程度的回报。领悟程度也决定了其思维层次，决定了其处在什么地位，在哪个圈子里混。毛泽东主席年轻时有个著名的"三不谈主义"，不谈金钱，不谈女人，不谈琐事。只为民族独立自主、为国家强盛复兴而革命一生。所以他的周围聚集了一大批同道同德之人，周恩来、朱德、刘少奇、邓小平、彭德怀等无产阶级革命家，他们历经千辛万苦，终于推翻了三座大山，建立了中华人民共和国，人民当家做主人，中华民族屹立于世界民族之林。毛主席领导中国人民走的路就是"合乎于道"的路，所以得到了全国人民的拥戴支持。而蒋介石带领国民政府及军队所走的路就是违背了自然之路，违背了社会发展变化的客观规律，所以失道寡助。军队虽强，但贪污腐败成风，失道失德，最终只能走向失败！

因此，我们只有不违背自然规律，使自己的行

为合乎道和德，才能从中获得无限益处；否则，我们不但得不到任何益处，而且还会被大道大德所抛弃，也必然会遭受惩罚。人不同于动物，人是具有主观能动性的。当主观能动性支配下的人的行为合乎自然规律时，人们就会从自然中得到益处；否则，只会受到惩罚。比如老百姓常说，贪小便宜吃大亏，每一次上当受骗也都是贪图不当利益的结果，如果你行得正，坐得端，君子虽爱财，但每一分每一毫都取之于道，怎么会上当受骗受害呢！比如在企业行为中，一定要严格遵守国家法律法规和有关标准规定，使企业的各项活动都能够得到法律的保护，企业的运行才是安全可靠的。也只有在这一前提下，谋求产品开发、市场开拓、人力资源优化、设备或工艺技术的升级换代以及其他方面进一步的发展，才会是长期稳健的可持续发展。如果罔顾法律法规，为了利益，不惜触碰法律法规的底线，则必然会受到惩罚，甚至走向破产的边缘。

第二十四章　物或恶之

【原文】：

　　企者不立，跨者不行。自见者，不明；自是者，不彰；自伐者，无功；自矜者，不长。其在道也，曰："余食赘形，物或恶之。"故有道者不处。

【译文】：

　　踮起脚尖站立，是站不长久的；走起路来脚步跨得太大，急急忙忙，是走不了太远的路的。那些喜欢自我表现或者固执己见的人是不明智的；自以为是刚愎自用的人反而彰显不了自己的行为品德和功德；老是喜欢攻击别人，自我吹嘘，自我表扬，反而不会得到真正的功德；总是一种骄傲自满的态度，自我骄矜，为了自己的虚荣心自尊心放弃很多锻炼的机会，自身就不会成长壮大。以上这些现象在得道之人的眼里，都是多余的，就像人吃饱了以后的残羹剩饭或者像人的身体上某个部位长出一个赘瘤，实在是惹人厌恶。所以说，懂得道的人也就是凡事按其本质规律做事做人的智慧之人，是不会这样做的。

【感悟】：

　　这一章，老子在前面第二十二章"圣人抱一"的基础上，又进一步重复强调得道之人应有的形象，做人做事的行为总则，主要内容是"自然"的道理。

自然是顺道而行或依道而行，而不是自己妄为。也就是不遵循事物的本质规律办事做人，不仅多余而且会起到反面的效果。

老子用拟人的手法，列举了几种形象：企者不立，跨者不行，以及自见、自是、自伐、自矜等，这些都是违背道的也就是违反自然规律的，是不懂"道"的具体表现，这些现象也是非常令人讨厌的，就像身体上长出了多余的肿瘤赘物，凡是明白、理解了"道"的，绝不会去做这些违反"道"的事情。

而这些现象也只是老子在举例，生活生产实践中有很多类似于此的违反自然规律的事情和现象，对此我们都应有清醒的认识，人的主观意识，往往和客观规律之间存在着矛盾，我们只有遵循自然大道，依据客观规律行事，才能取得好的收益，才能避免自己的行为和结果相对立。

在企业管理的要素中，概括起来不外乎人、机、料、法、环五大类，其中最重要的是人，管人现在叫人力资源管理，这个概念就非常科学，合乎"道"，过去的做法是把人当成"成本"，叫"人力成本"，现在讲人是资源，资源是创造效益的，我们应该尊重人的综合需求，以制度、机制等激发人的创造性、积极性，让其充分发挥主观能动性，才会使其价值最大化。要注重培育人才，既不能拔苗助长，也不能走捷径、短视，还需培养练就其不自是、不自见、不自伐、不自矜等优秀品质，才合乎于道合乎于人才成长的客观规律。而企业的其他要素中，每一项也都有其运行变化的客观规律和内在本质需求。机，就是机器设备，要安全运行，要保养维护，这些都有专业标准，标准就是本质规律的科学总结；料，就是生产原料，选料进料及料的投入要满足标准和工艺要求；法，就是工艺方法、技术工艺、质量控制等；环，就是生产环境，要卫生整洁，要符合环境保护和国家相关法律法规的要求。这些都是有科学依据，有标准依据，我们必须全部遵从，才能达成企业发展壮大的方向和目标，只要有个别违反，就会出现物或恶之的表现，是不会走上健康成长的稳健之路的。

第二十五章　道法自然

【原文】：

　　有物混成，先天地生。寂兮寥兮，独立而不改，周行而不殆，可以为天地母。吾不知其名，强字之曰"道"，强为之名曰"大"。大曰"逝"，逝曰"远"，远曰"反"。故道大，天大，地大，人亦大。域中有四大，而人居其一焉。人法地，地法天，天法道，道法自然。

【译文】：

　　有一种混然而成的东西，在天和地形成之前就已经产生了。它寂静无声而又广阔无形，按照自己的本质规律周而复始地循环运行，永不停息，不受任何东西左右，可以作为天地万物的根本。我也不知道该叫它什么名字才好，就勉强称它为"道"，再形象地引申一下，给它取个名字叫"大"。它广大无边，无所不在，又永不停息，好像渐行渐远的样子，永无尽头，最后又回归到自己的出发点。所以，大道无形，周行而不殆，道是伟大的，天是伟大的，地是伟大的，人也是伟大的。天地宇宙之间有此四大，而人只不过是其中的一个。所以，人要效法学习大地的精神，要厚德载物；大地要效法天的精神，天行道，君子以自强不息；天要效法于"道"，亦即宇宙万物运动变化发展的自然规律，这才是天地之间万物运行的根本！

【感悟】：

如果把《道德经》洋洋五千文字进行高度浓缩的话，我认为最适宜的就四个字：**道法自然**！世间万物都起源于道，道在天地生成之前就已经存在了！它按照自己的本质规律周而复始永不停息地运动变化发展，世间万物也必须遵从其本身内在的客观规律而运行，不按道的规律运行，就如同余食赘形，物或恶之，令人讨厌。所以，道是主宰一切的！道法自然，既是本质规律，又是外在要求。道是本原，是物质的，其运行规律则是精神领域的，属意识范畴，所以，物质第一，意识第二，物质决定意识，物质是运动的，物质运动是有规律的，物质运动规律是不以人的意志为转移的，老子在 2600 年前阐述的哲学观点，在近代社会马克思主义哲学论述中得以重现并发扬光大，实在是令人叹为观止！

在老子那个年代，人们都不写书，都是口说，以口口相传文化教义，孔子的《论语》等都是如此。而老子的这本《道德经》难能可贵的是用刀刻成的，当然，用刀刻字就比较费劲了，所以他每用一字都十分谨慎，"道"字就是其最为经典的高度概括。本章中，老子以"道"字为世界的本原命名，旨在为人们指明认识世界的正确道路和方法，即先认识世界的本体，了解道的运动、变化、发展所体现出

来的对立统一规律，也就是人们应当遵循的人生法则和社会法则，最后的结论就是：**人法地、地法天、天法道、道法自然**。法，就是以什么为法则。那么道是从何而来的呢？道是自然而然生成的，是阴阳两种力量相互作用的结果，一阴一阳之谓道也，而这一点正是中国文化哲学的最高命题！可见道是至高无上的，就连道都要顺应并效法于自然，更何况人类呢？所以，人类不应该自恃头脑聪明，有独立的思想，就可以主宰世间的万事万物，而是应该顺应自然，敬畏自然。如果人为破坏自然和谐，大肆屠宰，任意砍伐，那么大道和天地就会随时惩罚人类。因此，人类要和天地合而为一，要学习大道包容万物的胸襟，和大自然和谐相处。只有这样，人类和自然才能打造出一个命运共同体，过得快乐逍遥，用道的语言讲，就是无所为无所不为。

第二十六章　宜戒轻躁

【原文】：

　　重为轻根，静为躁君。是以君子终日行不离辎重。虽有荣观，燕处超然。奈何万乘之主而以身轻天下？轻则失根，躁则失君。

【译文】：

　　只有十分稳重的人做事才能驾轻就熟，显得轻松愉快，因为稳重是轻松的根本；只有内心宁静的人，才能掌控主宰躁动不安的情绪，显得像君子那样，时刻谦谦有礼，因为宁静是浮躁的主宰者。那么得道之人是如何合道而行呢？他们整日行事稳健，一切都有条不紊，从来都不会轻举妄动，总是在谨慎考虑后再行动，绝不会表现出轻率、焦躁的样子，正所谓举重若轻！他们即使有奢华的享受，身处富丽堂皇的宫殿，也能像燕子一样怡然自得，泰然处之，而从不沉溺于享乐之中。可是为什么那些有万乘之主的大国君王还要耽于享乐，轻率地处理国家大事呢？是因为他们不懂得珍惜、不懂得这样做就是失去了根本；掌控不了自己的情绪，总是急躁、浮躁，必然会失去事物的控制权，不会有好下场，只能遭到后人的唾骂和鄙弃！

【感悟】：

　　从这一章的内容看，要想成为一名合格的管理

者，修身是很重要的，即修身是一切行为的根本，甚至比拥有优越的物质条件都重要。那些古代的帝王，以轻率轻浮的姿态处理国事，恣意纵欲，不懂珍惜生命，不遵循天道，比如：烽火戏诸侯的周幽王，狂躁妄为的楚霸王项羽等，都只能被历史的车轮碾碎淘汰。所以作为管理者都必须懂得修身的重要性。真正好的领导是像周恩来总理那样的人，日理万机却能举重若轻，举止稳重，从不急躁浮夸。

老子在此给我们树立起一个好的管理者的形象，终日行不离辎重，燕处超然！行事稳重，泰然处之，虽有亭台楼阁的享受，身处其中却怡然自得，能够超凡脱俗地面对安逸的环境，而绝不沉溺其中。这一切的原因都在于他们的一言一行都能顺应天道，遵循事物发展变化的客观规律，从来没有随心所欲，胡作非为，所以内心安宁安静，外表平和自然，谦谦有礼若君子之风。

那么如何做才能像圣人那样一切都合乎道的精神呢？所谓的道，我们完全可以理解为事物发展变化的本质规律，道存在于我们的日常生活工作之中，也可以说贯穿于人生的每一个环节里，人们只有以道为标准，摒弃外在的贪欲，努力修炼自己的身心，才能使自己的思想和行为不偏离大道。具体来说就是以静制动，保持内心的平静，无私无欲，心中不留一丝一毫的私欲杂念，这样才能渐入佳境，做到

"胸有惊雷而面如平湖"，则"可拜上将军也"。

俗话说：为人不做亏心事，不怕半夜鬼敲门。只要我们在日常生活中行得正，坐得端，自然就能泰然处之，各种私心杂念也就随之消失；如果平日里心术不正，尽怀鬼胎，一旦遇上惊险场面，必定会胆战心惊，魂不守舍，惊慌失措，轻则失根；或者经不住诱惑，贪恋无道金钱，缘外美色，则必然是躁动不安，轻浮奢侈，结果就是躁则失君！

所以，**修道是从事管理工作的必修课，必须重视行善积德。**修德是为了得道，得道是为了行道，这也是心学创始人王阳明先生讲的格物良知、知行合一，既要有美妙的精神世界，又不能脱离现实生活。**只有把精神世界和物质世界现实生活高度融合起来，才会有美好的人生。**

第二十七章　常善救人

【原文】：

　　善行，无辙迹；善言，无瑕谪；善数，不用筹策；善闭，无关楗而不可开；善结，无绳约而不可解。是以圣人常善救人，故无弃人；常善救物，故无弃物。是谓"袭明"。故善人者不善人之师，不善人者善人之资。不贵其师，不爱其资，虽智大迷，是谓"要妙"。

【译文】：

　　善于行动做事的人是不会留下明显人为痕迹的；善于使用语言沟通的人，在言语上不会留下任何破绽，而成为别人的把柄受人指责；善于计算的人不用筹码等工具也能精准策划；善于保护自己的人，不用设置专门的关楗别人也侵犯不到他；善于掌握事物的人，不使用绳索也可以把人们捆绑在一起。所以，那些能够辨识事物发展的客观规律并按此行事的人，经常可以做到人尽其才，他的眼里永远没有无用之人；经常能够做到物尽其用，他的眼里绝不会有无用之物。这就叫做内藏式的聪明智慧。

　　所以，擅长做事的人，正是那些不擅长做事的人的老师，而不擅长做事的人却也正是擅长做事人的借鉴资源。如果不尊重可以做老师的人，不爱惜那些做学生需要别人指导的人，即使自以为聪明绝顶有智慧，也是个大糊涂！这里边的学问道理实在是非常精深奥妙的。

【感悟】：

老子在这一章围绕一个"善"字，一连串提出了"五善"，即善行、善言、善数、善闭、善结，用形象比喻的手法刻画出一个得道之人，也就是懂得规律并按本质规律做事的人的"完美"的形象。这五个善，都是符合事物发展变化客观规律的大道。得出的结论就是真正的善就是顺道而行！这个"善"，还有动词的意思，就是善于，要在事物的运动变化发展中发现其本质规律，并按规律行事，通过"救人""救物"，也即劝勉、引导、发现、探索等手段做到人尽其才、物尽其用，只有达到"五善"的境界，才能像古人所说的庖丁解牛那样游刃有余，行动自如。

一个企业或任何一个社会组织，太需要老子在这里表述的智慧了！很多企业尤其是一些国有企业，人员冗杂，机构臃肿，办事效率低下，杂物乱堆，破窗现象比比皆是，浪费惊人，哪里能做得到人尽其才、物尽其用。为什么这样呢？没有一个能做到"五善"境界的管理者或管理团队，对事物发展变化的客观规律辨识不清，更不能精准把控，既"不贵其师"，也"不爱其资"，虽智大迷！不懂得尊师重道，不注重"不善之人"的借鉴作用，正不能

顺道而行，反不能吸取经验教训，你说，这样的人能做到"无弃人""无弃物"吗？

把老子的这些智慧应用到企业的生产实践当中，**用"五善"精神形象锻炼管理团队，**做好事不要刻意留下什么人为痕迹，有意留痕迹就是作秀，就是矫揉造作；要学会语言沟通，不要因言语不周，被别人抓住把柄；要学会科学把握事物的客观规律，不要斤斤计较，算计来算计去，反而没劲，厚道是最高级的智慧，有些事情不需要算计，顺道自然就好，要应用科学的激励机制和美好的愿景把职工紧紧团结起来，为了实现企业的目标而共同奋斗！这是多么美好的事情啊。

第二十八章　常德乃足

【原文】：

知其雄，守其雌，为天下谿。为天下谿，常德不离，复归于婴儿。知其白，（守其黑，为天下式。为天下式，常德不忒，复归于无极。知其荣，）守其辱，为天下谷。为天下谷，常德乃足，复归于朴。朴散则为器，圣人用之，则为官长，故大制不割。

【译文】：

只有知道自己的雄强勇猛，才能守得住雌柔安静。在处于柔弱状态时淡然一笑，泰然处之，就像山间的溪水一样，把自己摆在很低的位置，汇集成河，却可以源远流长。做人做事能保持溪水一样的低调智慧，就会恢复到像婴儿般那样天真无邪，纯朴柔和的状态，恰似得道之高人了。愈是有坚定信念，远大抱负，内心光明的人，就愈能承受别人的羞辱责骂，这就是做管理者必须具备的基本素质，有了这个基本素质，做管理工作就能遵循事物的本质规律，就不会出现偏差、错误，而永远回归到充满无穷无尽的智慧之路上。

深知自身荣誉的重要，才不会在别人羞辱自己时用同样的方式羞辱对方，也就守住了内心宁静，做到虚怀若谷。甘愿以虚怀若谷待人，做事才能功成名就，回归到得道之人那种纯朴自然的纯真状态。

而把这种纯朴归真的精神发扬光大从而进一步影响到周围的人，那么，得道的圣人就会提拔你，让你成为优秀的领导者。所以，治理国家管理事务这些政治体制从来就是一个完整的体系，是不可以分割的。

【感悟】：

任何事物都有两面性，有好的一面，就必然会有不好的一面，也就是两极相生，物极必反。所以，能够觉悟此理的人，总是自觉自愿地让自己处于世俗观点普遍认为不好的一面，这样就能消除掉因为"好"而自带的负面作用，使自己始终保持遵循自然之道的完整状态。这就是低调的智慧！主要表现就是像婴儿那样天真无邪，纯朴柔和，一言一行处处尽显无穷智慧。始终保持纯朴敦厚，**厚道才是最高的智慧**！懂得了这些道理，无论经营企业获得巨额财富，还是从政做了大官，都能泰然处之，怡然自得，进退自如。

所以，我们当领导，做管理，一定要记住这十八个字：**知其雄，守其雌；知其白，守其黑；知其荣，守其辱**。这里边的道理非常系统完整，既是认识观、荣辱观，也是辩证法、方法论，是不可分割的，把它作为修身养性之座右铭，必定可以成为优秀的"百官长"而名垂青史。

第二十九章　去奢去泰

【原文】：

　　将欲取天下而为之，吾见其不得已。天下神器，不可为也，不可执也。为者败之，执者失之。〔是以圣人无为，故无败；无执，故无失。〕夫物，或行或随，或歔或吹，或强或羸，或载或隳。是以圣人去甚，去奢，去泰。

【译文】：

　　想要用暴力的方式夺取天下而自己治理，我看是行不通的，不会得到自己想要的结果。天下、国家、百姓，这些都是非常神圣的，万不可强取侵犯，万不可强行掌控权力。你非要这样做，则只有失败等着你，你要强行执掌领导它，断然不会长久，很快就又失去了。

　　天下的事物处处充满矛盾，都是在对立中统一。任何事情，既有其普遍性又有其特殊性。有的在前边行走，起着引领作用，有的只能在后边跟随；有的人性猛刚烈，有的人却温顺柔和；有的人十分强壮，有的人却体瘦羸弱；同样的事情，有的人因此受益，有的人因此受害，什么也得不到。所以，那些高明的领导者，总是一切顺应自然，因应物性，从来都是在工作中摒弃那些极端的、过分的行为，在生活中摒弃奢靡的方式，在做人处事上保持谦和，

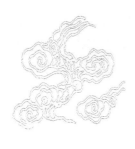

摒弃骄狂的作风，一切遵从自然本质规律，这样才合乎大道，才会使天下长治久安，百姓安居乐业。其统治地位也因此十分稳固。

【感悟】：

老子在这一章再次强调了"无为而治"的道理，也就是一切按其本质规律法则去行事。做不到这一点就会招致失败。高明的领导者都懂得这个道理，所以凡事不过分，摒弃极端行为，一切顺其自然。在这里，老子以修身之道印证治国之道，以无道统治烘托圣人之治，统治者无道，所以会极端（甚）、奢靡（奢）、骄狂（泰），结果是失败，圣人明德明道，所以会去甚、去奢、去泰，结果就是长治久安。

老子分析了人性的迥异，芸芸众生，性格千差万别，并举例说明，有的人喜欢特立独行，有的人喜欢随声附和；有的人乐于助人，有的人寡性薄义；有的人好勇斗狠，有的人懦弱胆怯；有的人喜欢安安静静，有的人喜欢熙熙攘攘。那么，有智慧的领导人是如何治理天下呢？老子给出的答案就是六个字：去甚、去奢、去泰。什么事都别走极端，要**适可而止，恰到好处，以中为用**。

在现代企业中，历来都把"人"作为第一生产力要素。作为一个好的管理者，我们应该学习老子的思维方式，他在给某些极端行为的后果做出警示的同时，也给出了解决问题的办法。高明的领导人都是这样做的，在工作中杜绝极端行为，在生活中绝不奢靡过度，在做人风范上绝不骄狂自大，这其实也是树立了一个好的领导者的形象。作为管理者本来就应该这样一切顺道而行，同时实施不言之教。只有这样，才会达到我们想要的目标和效果。

第三十章　不以兵强

【原文】：

以道佐人主者，不以兵强天下。其事好还。师之所处，荆棘生焉。大军之后，必有凶年。善有果而已，不敢以取强。果而勿矜，果而勿伐，果而勿骄，果而不得已，果而勿强。物壮则老，是谓不道。不道早已。

【译文】：

按照"道"的原则辅助君王的人，不会依靠兵力强大来称霸天下。穷兵黩武这种事不仅不会有什么好处收获，而且很快就会遭到报应。打过仗的地方，一片衰草枯杨、断壁残垣。战争过了之后，灾荒、瘟疫什么的必然会发生。真正善于用兵的人，只要达到扶危济困、伸张正义的战略目的就可以停止了，不会因兵力强大来耀武扬威。即使发动战争达到了目的，也不要因此而自尊自大；即使发动战争达到了目的，也不要因此自吹自擂，自我夸耀；即使达到了目的，也不因此骄傲自满，恣意妄为；即便达到了目的，也要深刻反省，认为这是在不得已的情况下才以战取胜；即使达到了目的，也不要逞强斗狠。天下万物都在遵循其本质的规律运行变化，发展到巅峰状态就开始走下坡路，直至衰亡，进入下一个循环周期。追求极端、满盈等是不符合自然法则，即本质规律的，会很快地走向死亡，趁早结束吧。

【感悟】：

这一章老子用一种十分悲壮、沉重的语气，表达了他对战争的痛恨，以及对和平的热爱。这一点正是我们华夏文明的核心理念：热爱和平。而绝不是《三国演义》里边的征伐征战，算计谋策；当然也不是《水浒传》中的绿林好汉造反社会，大块吃肉，大碗喝酒，巧取豪夺后论秤分金。我们的文化经典《道德经》早在春秋战国时期就已经阐明了对战争的态度：果而不得已！即使战争取得了胜利也是不得已而为之！

战争的后果就是，师之所处，荆棘生焉。大军之后，必有凶年！可怕吗？恐怖不？老子以这样的口气提出警醒、警示！那么怎么对待战争呢？是只要能达到战略目的就应该立刻停下来，结束战斗！不要因为战争而沾沾自喜，不要自吹自擂，不要夸耀战果，不要逞强斗狠，认为打胜仗有多么了不起，只有在不得已、被迫情况下，被侵略、侵犯下才会用战争保家卫国，主持正义，伸张正义——这就是我们的文化经典中对待战争的态度，也是我们最深刻的热爱和平的文化主张。

老子在此还告诉我们一个深刻的哲学道理，物壮则老，是谓不道。不道早已。**做任何事情都不要**

过头，一旦过头就会走向反面。当我们获得成功或取得成绩时，不可沾沾自喜，更不可狂妄自大，而一定要掌握好适度的原则。否则，成功也罢，成绩也罢，就会促使事物朝着相反的方向转化。我们经常听人说的"乐极生悲"一词，就是用来形容那些得意忘形之人的，它也给我们敲响了警钟，在现实生活中，快乐忘形之人随处可见，而悲伤过度之人也大有人在，为什么会这样呢？老子给出的答案是：是谓不道，不道早已。这些都是不遵循自然法则，不遵循事物发展变化的本质客观规律的具体表现形式，会走向衰败，走向死亡，趁早结束吧。

这章讲的是政治立场上对待战争与和平的态度。其实，商战中也应持此理念。市场竞争固然是不可避免的，但也要秉持商海的基本法则。残酷的价格战，是商家经常使用的必杀技，有人形容其不异于自相残杀！为什么我们不能更多地使用比质量、比品牌、比效率这些正能量要素呢？一切都要把握好"尺度"！**竞争对手的存在，反映的是市场的容量等级**，毫不留情地扼杀对手，也不见得你就有多厉害。只有与竞争者共存，谋取共赢，才是商战中的最好选择。

第三十一章　恬淡为上

【原文】：

　　夫兵者，不祥之器，物或恶之，故有道者不处。君子居则贵左，用兵则贵右。兵者不祥之器，非君子之器，不得已而用之，恬淡为上。胜而不美，而美之者，是乐杀人。夫乐杀人者，则不可得志于天下矣。吉事尚左，凶事尚右。偏将军居左，上将军居右，言以丧礼处之。杀人之众，以悲哀泣之；战胜，以丧礼处之。

【译文】：

　　战争这事啊，实在是不吉祥的东西，是令人讨厌的事情，所以，有道的君子绝不会用战争来解决问题。那些依道而行的君子日常起居生活工作以左边为尊为贵，而在打仗用兵时就以右边为尊为贵。兵器是不吉祥的东西，它不是得道的君子所使用的，只有到了万不得已的情况下才被迫使用战争这种手段。最好的方式是心境平和，淡然处之。在战争状态下，即使打了胜仗也不要得意扬扬大肆庆祝。如果打了胜仗就自以为了不起大肆庆祝，那就是把打仗杀人当作一件快乐的事，这样的人是不应该也绝不可能得到天下的。吉祥美好的事情，应以左边为尊为大，而战争和丧礼丧事都是以右边为尊为大，所以打仗时，兵权较小的偏将安排在左边，而兵权

较大的上将安排在右边。这就是说，要把战争当成丧礼一样对待啊！战争就是杀人的机器，死人太多，应该以悲哀的态度对待。即使打了胜仗，也应该以丧礼的仪式对待为战争而牺牲性命的人，以表达我们对生命的敬畏！

【感悟】：

　　这一章承接上一章继续讲我们中国的传统文化中对战争的痛恨，对和平的热爱。有学者建议应将这两章内容选入中小学课本，一是将热爱和平痛恨战争的理念从小植根于中小学生灵魂深处，再者也可以向全世界人民宣传介绍中国几千年传统文化中对待战争的态度。要不然，我们总是利用各种场合媒介宣传中国人民热爱和平，反对战争，却又不适时宜地宣传中国的四大名著，播放《三国演义》《水浒传》《西游记》《红楼梦》等电视连续剧，这明显对不上啊。《三国演义》各种权谋算计，只为以战争夺取天下；《水浒传》里的梁山好汉其实有很多是打家劫舍的匪徒；《西游记》里的神仙打架没有很深的中国文化背景不可能看得懂领悟透，反倒塑造了一个孙猴子不守规矩打破天规，也即不遵循自然之道的形象，实在不是我们中国人尊崇追求的偶像啊；《红楼梦》是我们中华民族最伟大的文学作品，其反映的是深层次的社会矛盾和阶级矛盾，但普通读者看到最多的是钩心斗角、社会伦理。

不如多读《道德经》，让人们了解战争不是一件什么好的事。即使打了胜仗也不能举杯庆祝，而应该以丧礼的方式对待战争，要缅怀祭奠那些为战争牺牲生命的人。这是多好的一种理念啊！这样就会让世界人民对中国传统文化产生一种新的认识和理解。

　　中华民族的确是热爱和平、反对战争的民族，我们介入战争，也是迫不得已，是为了主持和伸张正义。我们不惹事也不怕事，做好了充分的准备，也是为了保家卫国，老百姓能过上安居乐业的幸福生活。但绝不会首先挑起战争，不会主动用战争的方式处理解决问题。了解了这一点，就会让人明白痛恨战争、热爱和平的理念在中华大地已经存续了几千年，中国人民热爱和平、又不惧怕敌人侵略的这种形象，就会在全世界人民面前变得清晰起来。这对树立中国人民热爱和平的高大形象，让世界人民真正了解我们的民族，实在是有太大的帮助了。

第三十二章　知止不殆

【原文】：

道常无名，朴。虽小，天下莫能臣。侯王若能守之，万物将自宾。天地相合，以降甘露，民莫之令而自均。始制有名，名亦既有，夫亦将知止，知止可以不殆。譬道之在天下，犹川谷之于江海。

【译文】：

事物的本质规律涉及范围广垠无边，深奥而渊博，所以我们无法用一个统一的名称去命名它。它的基本特质是隐而无名，纯朴敦厚，需要不断地探索学习，从表面上是无法看清本质的。但它却是天下最有力量的，没有谁可以让它臣服。诸侯君王若能遵守事物的本质规律道德法则用以治理天下，就会得到大家真正的信任支持而遵从于他。天地之间阴阳之气相结合，就会降下润泽万物的甘霖。而这些甘露雨水并没有人去安排布置，却也基本做到了雨露均沾。人类社会从原始混沌开始，逐步进化出现了文明文化、制度法律等各种各样的名称、名分，而这些名分、制度、法则等皆应运而生，自有它存在的道理，我们就要遵守它，清楚地知道、理解并掌握其作用、边界和限度，要让它们发挥作用，懂得边界在哪里而绝不可越界，这样才会平稳运行，才能没有危险和失败，使天下得到治理，永享太平。

这个道理，就像江海之于川谷，善于处下，不辞溪流，千河万溪终归于它，而能泽被万物，天下归之。

【感悟】：

这一章主要讲两点：一是管理者要遵循自然之本质规律为人做事、实施治理，二是制定了法则、制度等，既要遵守它，又要懂得它的边界在哪里，该止则止，就不会有危险失败。简言之，就是既要遵从自然之道，又要知道自然之道的边界在哪里，不得越界。俗话说得好，得民心者得天下，怎样才能天下归心呢？依道而行，遵循自然法则和社会公德，不能越界，否则就会走向危险的边缘。老子用他惯用的手法——比喻来说明事理，用"天地相合以降甘露"来说明自然之道，用川谷江海，再一次强调管理者要善于处下，不辞小溪，要虚怀若谷，厚德载物，包容一切，方能天下归心，永远走在正确的道路上。

而"道"，老子在此用了一个形象的字进行了概括描述，就是"朴"，朴实无华，敦厚自然，**厚道，才是最高的智慧**，无论企业的内部管理还是商界运行，我们要无时无刻地应用此道，守住这个纯真的朴，那么天下所有的事物都会自然而然为他效劳、为他服务。如果最高管理者不能做到虚怀若谷，江海归流，而是有所选择，爱憎分明，只喜欢美丽的事物，而厌恶丑陋的事物，有所选择，有所保留，

习惯于分别事物，那么普通百姓如何能够得到庇护，又如何能够顺从依附于他呢？

总之，本章内容中，老子从治身之道扩展到治国之道，辩证地说明了道与法的关系。治身之道，在于朴。敦厚朴实，也是治国之道。要坚守正义、善良，遵纪守法。朴是自然纯真的，法则是正义神圣的，任何人不得侵犯，不能居于法则之上。也就是我们说的法律面前人人平等，王子犯法与庶民同罪。在企业组织里，管理者做人要守住纯真朴实的底线，厚道是最高的智慧；制定的规章制度是神圣的，管理者要率先垂范带头执行，要求员工做到的，管理者要带头先做到；利益分配要体现公平公正，雨露均沾；制度建设要遵循事物发展的本质科学规律，制度就是企业法则，高于一切，一旦违反制度越了界，就必然要受到惩罚，知止可以不殆！作为领导人，切不可高高在上，要向川谷江海那样，**善于谦卑低下，方能泽被万物天下归心，成为一名优秀的领导者。**

第三十三章　自知者明

【原文】：

　　知人者智，自知者明。胜人者有力，自胜者强。知足者富。强行者有志。不失其所者久。死而不亡者寿。

【译文】：

　　能够了解别人、认清别人的人是智慧的，能够了解自己，认清自身的人才是高明的。能够战胜别人证明有力量，能够克服自身缺点超越自我的人才是强大的。知道满足的人是富有的，坚持不懈按照事物的客观规律依道而行的人才是有远大志向和理想抱负的人。在物欲横流的现实世界中永远要守卫好我们的精神家园，让灵魂有所归属，这样的人才能存在得更为长久，身体既亡而精神永存才是真正的万寿无疆。

【感悟】：

　　老子这一章的核心内容是告诉人们，**不要永无休止地追求物质财富，**而应努力克制自己的私欲私心，去追求精神世界的永恒。非常明确地告诉我们什么是富：知足者富。这与我们通常所说的"知足常乐"有很大的不同。我们所理解的知足常乐，意思是知道满足即是快乐的，它最大的特点就是安于现状，这与老子的大道思想大相径庭。什么才是真

正的富有呢？真正富有不是家财万贯，也不是拥有宝马香车，不是你实际拥有什么物质，而是你能在多大的程度上摒弃私心杂念，抛弃自己的妄想。只有做到这一点，才能称为真正的富有。也非常明确地告诉我们什么是久？什么是寿？不知其所者久，死而不亡者寿！人从出生到死亡，不过短短几十个春秋。生老病死是自然规律，我们没有超越生命之道的能力，生和死不是我们能够掌控得了的。在老子看来，"所"就是我们最终要去的地方。我们也经常使用"死得其所"这个词，这个"所"也是自然之所，就是我们的归宿，是我们精神的寄居之所，是合乎自然规律之大道的。我们从最初的不愿接受死亡，到现在的读懂人生，直面生死，正是体现了天命不可违的道理。我们只有顺应天道，与大道合为一体，**追求精神财富的永存**，让我们的一切行为都不要脱离自己的精神家园，不失掉我们的精神家园，不让我们的精神家园在物质财富的追求过程中花落凋零，才是真正做到了"久"和"死而不亡"。

我们可以观察一下周边的人以及当下的社会。天下熙熙，皆为利来；天下攘攘，皆为利往。乱糟糟，其声杂耳，混沌沌，其象惊奇，为一私之利，你争我夺，你方唱罢我登场，我登场来他斗我，永无休止，只为利益。但说到精神财富，已经有太多的人甚至连一页纸的文字也看不下来，简直浮躁到了无以言状的程度，何谈精神财富的创造！这种人精神无所依，精神家园已经倒塌，注定是不会长久的。无论拥有多大的财富和权力地位，也根本无缘于"久"和"寿"，只能是昙花一现，为道所不齿。

第三十四章　不自为大

【原文】：

大道氾兮，其可左右。万物恃之以生而不辞，功成而不有。衣被万物而不为主，可名于"小"；万物归焉而不为主，可名为"大"。以其终不自为大，故能成其大。

【译文】：

大道像江河一般广泛流行，周延四方，上下左右无处不到，无处不在，万物靠它生长却从不推辞，成就了千秋功业却从不占有名分，泽被苍生万物而不将自己视为主宰者。它无欲无求，隐而虚静，发挥着巨大的作用，却看不见摸不着，我们可以称它为"小"；万事万物最终都是按照自身的客观规律运行变化发展，从不主宰万物，所以，我们从这个角度可称其为"大"。也正是因为"大道"不自视伟大，不眼高手低，总是从小处着眼，从细处做起，脚踏实地，循序渐进，这样才成就了它的伟大。

【感悟】：

这一章，老子又从另一个角度来阐述"道"的形态，它怎么发挥作用，有什么特质，核心内容是对"大"和"小"及其关系的解释。

道，像什么呢？他用其惯用的手法——比喻，说：道就像江河一样广博无际，上下左右，无处不

在。前面章节的解释是：像风一样，无处不到，像空气一样时时刻刻发挥着巨大作用，用眼、耳、嗅、触等感觉器官感受不到它的存在，但它却实实在在存在于自然之中。这就是"道"的形态及发挥作用的方式。

道，有什么特质呢？道，无欲无求，人们看不见，听不见，所以可以称为"小"，万事万物最终都归于道，却并不自视为一个主宰者，这一点则应该称为"大"，所以道是可大可小的。这就是道的特质。

道，有三种精神。"不辞"，就是不推辞，该我完成的使命和任务，我就自然而然完成；第二种精神是"不有"，就是不占有，成就千秋功业却不占有什么名分；第三种精神是"不主"，就是"不主宰"，滋润养育万物却并不认为自己是万物的主人。这三种精神是它的"常态"，它就是这么运行的，**所以得道的本义就是不推辞、不占有、不主宰，**作为管理者是不是也应该做到这三点呢？那真的就是一名非常优秀的管理者了！

从小的方面讲是修身，无欲无求，却时常发挥着作用，而人们又看不到它的存在；从大的方面讲，万物最终都归于它，也就是事物的本质规律起着支配性、决定性的作用。这个"小"和"大"的概念，其实是在讲个人修为与国家治理的关系。个人修为

是小道，而以小道去治理国家、管理组织（企业）便成就了大道。"常无欲"是个人修为的核心，只要管理者摒弃了个人私欲，就不会视天下万物（企业资产）为私产，从而就会出现"万物归焉而不为主"的理想状态。

在现实生活中，往往出现相反的行为现象。在有些人看来，人是万物之灵，有思想有意识，既可创造事物，也可以改变事物，所以人类常自认为万物主人，可以主宰万物命运，任意命令和指使万物。这种想法是错误的！是违背自然规律的。须知人类生存和发展，所依靠的正是自然界的万事万物。我们非但不能主宰万物，还常常受到自然的制约。换句话说，自然规律主宰着人类的命运，自然界的万事万物为我们提供了生机和能量。违反自然规律必将遭受大自然的报复。比如，近代以来，随着工业化城镇化进程的加剧，人们过度采伐森林，造成了大面积植被破坏，水土流失；石化能源的大量使用，造成了二氧化碳超量排放，导致温室效应加剧。气温上升，冰山融化，海平面上升，极端气候，狂风暴雨，超高气温等现象频发，近年暴发的新冠疫情等，都是大自然对人类的报复。这一点警示我们：必须遵循自然大道，保护环境，爱护资源，建设环境友好型和资源节约型社会。只有这样，才能免遭大自然的报复，人类才能长久生存于"地球"这个美好家园。

第三十五章　往而不害

【原文】：

　　执大象，天下往。往而不害，安平泰。乐与饵，过客止。道之出口，淡乎其无味，视之不足见，听之不足闻，用之不足既。

【译文】：

　　能够按照事物的本质客观规律行事做人的人，就可以自由行走在天下，而让天下人归顺他。天下人归顺他，投靠他，听他指挥，相互往来都不会受到任何伤害，反而能安享太平。动听的音乐和美味的食物，会使执政的人、从事管理的人停下脚步，陷入色和味的诱惑陷阱。道，是什么意思呢？道在起着本质的、客观的、决定性的作用，但它无色无味，看不见、听不见，只是在现实世界中起着决定性作用，而且这个作用的力量无穷无尽并无限制。所以，我们只有回归大道，才能真正做到往而不害，安享太平。

【感悟】：

　　这一章老子讲了反腐败的话题。所以，我觉得在老子那个年代就已经有了腐败现象，你想想，《道德经》全篇都是在讲管理者的学问，基本形式是老子向对面请教他问题的人讲"道"，也就是讲道理，讲观念，讲方法。和我们现在的人也差不了

90

多少，有很多话不会说得太明白，太透彻！老子只在发挥正能量，你要"执大象"，才能"天下往"，你必须按照法律规章制度去执政，天下的人才会归顺你，听你指挥，大象就是大象无形，指事物本质规律，它看不见、听不见，却发挥着决定性的作用，你要按规矩按法律办事，天下之人就会自然而然归顺你。首先是正能量！你要按规矩来，走正道！然后，老子举例，这次是举了反例，乐与饵，过客止。美妙动听的音乐（指声色犬马），饵（指美味，美食），可以让过客止，停下脚步！实际上岂止是过客，本处就是指执政之人，指领导者、管理者，老子讲话时对于那些掌握一定权力的人，给他们警示，**饭到嘴边，能不吃吗？钱到手边，能不拿吗？**这不就是历朝历代都存在又除不去的腐败现象吗？关键是这不是重点，重点在如何经得起诱惑，始终做到"执大象，天下往"。所以，老子在此描述道的伟大，实际上是描述坚持不懈按照事物的本质客观做事做人的艰难性，因为道无味、不见、不闻！但它的作用是无穷无尽的，不受限制的！反过来，我们应该时常保持清静虚无，坚守内心的"静"，要"执大象"，才能"天下往"。你要治理好、管理好一个组织，只有时刻坚守本分，坚持按照事物发展变化运动的本质规律做事，方能往而不害，利而不争，这不就是达到管理的最高境界了吗？

第三十六章　柔弱刚强

【原文】：

　　将欲歙之，必固张之；将欲弱之，必固强之；将欲废之，必固举之；将欲取之，必固与之。是谓"微明"。柔弱胜刚强。鱼不可脱于渊，国之利器不可以示人。

【译文】：

　　想要让它收敛合起来，必须让它张开、打开；想要削弱它，减弱它，必须先让它感觉强大起来；想要彻底废掉它，必须首先抬高它，抬得愈高才能摔得愈重；想要得到它，必须采用先给予它的策略，这些都是微妙高明的智慧或道理。这样做的最后结论是：柔弱必能战胜刚强！怎样理解这个道理呢？就好比鱼儿在水中来去自由，没人能管得了它，但离开水便是自取灭亡。同样道理，最重要的核心领导力，最厉害尖端的武器装备，不可以轻易示人，一定要隐蔽锋芒，韬光养晦。不到关键时候，不要脱颖而出，一旦脱颖而出，就要确保一击必中！

【感悟】：

　　老子在这一章给我们上了一堂辩证法的大课！通过四个矛盾的对立统一体，比喻引申到社会现象及其治理，浅入深出，令人警醒。合与张，弱与强，废与举，取和与，矛盾的对立统一面，告诉我们事

物的双重性、两面性及矛盾转化的辩证关系，揭示了自然界运动变化发展的客观规律。当然这种观点贯穿全书。任何事物在其发展过程中，都会走到一个极限。这时，就向其相反的方向发展变化，所谓物壮则老，物极必反。按照这个道理怎样避免呢？必须柔弱自处，回归大道，这才是真正的高智商、高智慧！

老子断言，柔弱胜刚强！从表面上看，好像是有违常理，但往深层分析，柔弱的东西里面往往蕴含着内敛，富于韧性，生命力旺盛，发展空间较大，比如春天的柳丝，看似细弱，但富含水分难以折断；看起来强大而刚烈的东西，它显扬外露，外表看起来又大又强，但往往已失去发展前景，比如秋冬季的树枝，看起来直挺气昂，但一折就断。在柔弱与刚强的对立之中，老子直言：柔弱胜刚强！

大道无言，大象无形。世间万物依循自然之规律，有生就有死，有好就有坏。所以，我们制定的一切法律制度，都是相对因果律，矛盾的双方相互转化，互为生灭，谁也无法改变。而世间万物运行变化的本质规律，就是老子讲的"大道"，与现实世界完全不同，现实世界的一切法律规章都有等级，而"大道"没有等级，只按自己的本质规律发挥着巨大的作用，只要合乎大道，万物就不会有等级。倘若不合于大道，则一定会有等级，而且还会朝着自己所追求的事物的反面发展变化，从而也就告诉我们，必须坚定不移、坚持不懈地按照事物的本质规律做事做人，方能持久，方能获得持久旺盛的生命力。只有这样以柔弱相处，才能得到永久的安详和平静，才能永远不会受到伤害。

如果管理企业能够掌握大道的根本，能够效法大道，无为而无不为，不妄为，不多为（抓重点），有所不为，那么就无须采用各种手段来笼络人心，费尽心机去控制他人了，你所管理的组织就会自然而然地走在正确的大道之上，呈现出蓬勃向上的熠熠生机。

第三十七章　道常无为

【原文】：

道常无为而无不为。侯王若能守之，万物将自化。化而欲作，吾将镇之以无名之朴。镇之以无名之朴，夫将不欲。不欲以静，天下将自正。

【译文】：

道是万事万物发展变化的永恒的规律，其运行的特点表现为"无为"，也就是不妄为，不多为，有所不为，这样，无为就能产生比"有为"更好的效果。诸侯君王等从事领导管理的人若能遵守这个道理，天下万物及人民百姓就能自我成长，自我化育。在此过程中，如果有私心杂念滋生膨胀，得道的圣人就会用大家共同遵守的道德法则去整理它、镇服它。当然治理者也要做出表率，少私寡欲，清静无为。只有这样，天下万物才会自然而然走向安宁、安定。

【感悟】：

本章是老子《道经》的最后一章，三十七章内容主要讲的是大道的概念、形态、运行规律、价值意义等，先讲道，后讲德，依道而行，结果就是"德"。三十八章及以后为《德经》。

这一章的中心议题就是"无为而无不为"，无为就是不妄为、不多为、不强为，无不为就是有所不为，在"为"的过程中抓重点、抓关键。这与马克思主义唯物辩证法的阐述何其相似，只不过是表述的方式不同而已。马克思认为，矛盾是普遍存在的，矛盾在对立统一的运动中相互转化，变化发展。矛盾既有普遍性，又有特殊性。运动是绝对的，静止是相对的。在矛盾的发展过程中，要善于抓住主要矛盾以及矛盾的特殊性，具体问题具体分析才能有效地解决矛盾。这些矛盾论的阐述正是老子讲的无为无不为观点的重现。老子的这种思想在其整个哲学体系中居于核心地位。他认为最完美的治世之法就是"无为"，即顺着道的法则自然而为，顺道而行，万物就会自然而然按照其自身运动变化发展的客观规律运行，天下将自正。

　　大道无为，始终按照自己的轨道运行，可使整个宇宙和谐有序；治国者无为，始终遵循自然法则和社会法则，可使国家大治，百姓安定；自身无为，始终遵守自然之道和人生法则，可使自己健康长寿。宇宙、国家、社会、人生是"实"，是"有"，自然法则、社会法则、人生法则是"虚"，是"无"。实与虚、有与无是对立统一的关系。因此，要想治理实、有，必须先要坚守虚、无。自然法则是永恒不变的，无为的目的在于寻求合乎自然法则的社会法则和人生法则，治国以法，治身以朴，才能够达到"无为而无不为"的境界。治理企业尤其如此。

第三十八章　处实去华

【原文】：

上德不德，是以有德；下德不失德，是以无德。上德无为而无以为；下德无为而有以为。上仁为之而无以为；上义为之而有以为。上礼为之而莫之应，则攘臂而扔之。故失道而后德，失德而后仁，失仁而后义，失义而后礼。夫礼者，忠信之薄，而乱之首。前识者，道之华，而愚之始。是以大丈夫处其厚，不居其薄；处其实，不居其华。故去彼取此。

【译文】：

最高等级的上德之人一切依道而行，道法自然。在自然而然的状态下做有德的事，并不觉得有什么了不起。下德之人相比较低了一个档次，做了好事，总是心心念念，把它当一回事，怕人们忘记了他所做的好事，这反而是一种境界不高的表现。所以上德之人顺应自然有所作为，却没有任何人为痕迹，不当回事；下德之人顺应自然而有所作为，却总是记在心上，或者向别人提起，强调。上仁之人，是最讲仁爱的人，主动积极有心为善，努力进取，做事之后也不心心念念，不求什么回报，并刻意要求自己忘我利他；上义之人，是最具正义感的人，做事主动积极，做完之后牢记在心，以图有所回报；而讲礼仪的人总是提倡号召用礼仪来要求约束别人，一旦无人响应，就用强制的手段振臂高呼，强迫人们遵从礼仪。所以啊，从这个道理上讲，我们可以依次展开，失去了道，才有了德；失去了德，才有了仁；失去了仁，才有了义；失去了义，才有了礼！礼仪这个东西，是忠信不足的产物，是道、德、仁、义变得淡薄时才出现的，当然就是社会动乱的祸首了！所谓那些自以为先知先觉之人，不过是"道"的浮华表象，实质上是愚昧的开始。因此，真正有智慧、有思想、有品德之人立世为人当敦厚纯朴而不轻薄，实实在在而不浮夸。也就是舍弃轻薄而取其朴实敦厚。

【感悟】：

本章是老子《德经》第一章，系统地阐述了天道和人德的辩证逻辑关系，道就是客观规律，而德指的是人们把"道"运用于人类社会产生的功能。天道和人德共同构成了老子的哲学思想体系。

本章内容具有非常强的逻辑性。从道开始及至礼次第展开，道、德、仁、义、礼五个层次，每个层次都有描述和标准。从历史发展的轨迹来看，老子讲道，孔子讲仁，孟子讲义，荀子讲礼，韩非子讲法，这也验证了老子预示的历史发展顺序。我们现在讲"依法治国""以法律和制度治理公司"，正是社会历史发展的必然选择。在老子对道、德、仁、义、礼的表述中，我们看到有五种不同类型的表现。道是最高境界，无为而无不为。一切按照事

物的客观规律立世为人，依道而行的结果就是"德"。我们从小受到的教育就是做个有道德的、高尚的人。在这里老子分了两个类型，上德和下德。两者都是有道之人，区别在于上德是自然而为，不留痕迹，不是作秀；下德则是做出功绩总是念念不忘，害怕失去，这实际上并不符合道的本质规律。接着又讲了仁、义、礼三个概念及其表现，还毫不客气地指出了"前识者"的本质，也就是那些所谓占卜、算卦、有预言能力的人，其实是仅仅懂得事物发展变化表面现象的人，是愚蠢的人。真正的大丈夫也即得道之人、圣人怎么做的呢？处其厚，不居其薄；处其实，不居其华。舍弃浮夸，取其敦厚朴实。老子总是从天道谈到人道。身处纷繁复杂的社会，做人还是最根本的。只要大家能遵道而行，社会自然就好转，违背天道，则是祸不单行。他在讲了道、德、仁、义、礼这些要义概念之后，还告诫我们注意那些自称先知先觉之人，这些人是愚蠢的。最后给我们树立起典范，告诉我们大丈夫——得道之人是怎么做的。实际上也是在谆谆教导我们，要做上德之人，实在做不到，做个下德之人；其次，要做个仁爱之人，能主持正义的人，最起码也得做个遵章守纪的人。**身处浮华世界，定要懂得取舍，有所得，必有所失；反之，有所失，必然会有所得。**

第三十九章　贱为贵本

【原文】：

　　昔之得一者——天得一以清，地得一以宁，神得一以灵，谷得一以盈，万物得一以生，侯王得一以为天下正。其致之也，天无以清，将恐裂；地无以宁，将恐废；神无以灵，将恐歇；谷无以盈，将恐竭；万物无以生，将恐灭；侯王无以正，将恐蹶。故贵以贱为本，高以下为基。是以侯王自称孤、寡、不穀。此非以贱为本邪？非乎？故至誉无誉。是故不欲琭琭如玉，珞珞如石。

【译文】：

　　过去，那些能够理解掌握事物本质规律，知道万事万物都由阴阳两种力量相辅相成相互统一的，所谓得道之人有很多。比如说：天，按照道的规律运转，阴阳平衡统一，就会清晰明亮；地，按照道的规律运转，阴阳平衡统一，就会安宁稳定；神圣按照道的规律运转，阴阳平衡统一，就会获得精神家园；山谷按照道的规律运转，阴阳平衡统一，就会充满生机；万事万物都按照道的规律运转，阴阳平衡统一，就会生生不息；诸侯君王按照道的规律运转，保持阴阳力量的平衡统一，天下自会得到安定祥和。把这个道理反过来看一下。假若天不能保持清澈明亮，恐怕就会崩裂；如果大地不能保持安

宁稳定，恐怕就会塌陷；神圣不能坚守精神家园，恐怕很快就会消失；山谷不能充满生机，恐怕就会枯竭；万物不能生长发育，恐怕就会灭绝；诸侯君王不能恬静清明，恐怕就会被推翻。所以，尊贵以卑贱为其根本，高位以稳固的基础为根本。因此，诸侯君王常常自称"孤家""寡人""不穀"等，正是在时刻提醒自己，忘记历史教训就真的会变成孤家寡人，就会吃不上饭，被饿死他乡，这不正是把卑贱当作根本吗？难道不是这样吗？所以说，对于得道的君王诸侯是无须去夸赞称誉的，他们并不追求美玉般尊贵华丽的外表，而是追求效仿那可以铺路的石头般质朴坚忍而从不张扬的品质。

【感悟】：

这一章的内容，是老子对面坐了一位"侯王"，一位级别比较高的领导人，老子发自肺腑对之讲的话，实际上也就是在谆谆告诫领导人，**不要张扬，不要自以为了不起**。先是告诉他，万事万物都是在内部阴阳两种力量的相辅相成中相互统一，只要遵循大道依道而行，那么天会清，地会宁，神会灵，山谷会充满生机，万物会生生不息；然后又反过来说，不遵道，则会有各种可怕的结果：裂、废、歇、竭、灭、蹶等，差不多就是毁灭的意思。最后，归结到侯王的自身，总结出一句话，我觉得是至理名言，可作为座右铭。做管理工作的人都应该秉持这样的箴言：**贵以贱为本，高以下为基**！要以尊贵的身份秉持谦卑的态度。最后又告诉我们，真正依道而行的管理者，都不喜欢像美玉那样华丽的外表，而甘愿像铺路的石头一样坚忍质朴，位处谦卑，却发挥着巨大的作用。这其实在教导我们，做人处事要时常保持一种谦卑朴实平和的心态，无论自己当了多大的官，获得多大的财富，取得多大的成就，都不要扬扬得意，自我膨胀，而一定要谦卑处下，这才是得道而富蕴内涵的表现。你掌了权，获得了财富，自有数不清的人去称赞你，很容易让人狂妄而自我膨胀，老子说：**至誉无誉**！**最高的荣誉是无须别人称誉的**，屡屡得到称誉也就没有称誉了，反而要在别人称赞你时，保持警惕了！老子感叹：不欲琭琭如玉，珞珞如石。不要喜欢那些外在的浮华赞美了，还是实实在在，像块石头那样做好铺路的基石，朴实无华而又坚忍不拔，这才是最好的。

让我们记住这句话：**贵以贱为本，高以下为基**！

第四十章　有生于无

【原文】：

反者，道之动；弱者，道之用。天下万物生于"有"，"有"生于"无"。

【译文】：

万事万物的运动变化都是循环往复的，矛盾的双方都是向着对立面转化的。事物的本质规律是无形的，它对一切事物的作用都遵循自然法则，表现为微妙柔弱。天下万物都生于看得见的有形物质，而看得见的有形物质生于无形的虚静，有和无一起构成了万物之根本。

【感悟】：

老子的这一章三句话，代表三个观点，是对贯穿于《道德经》全篇的思维方式的总结和概括，所以非常经典。

第一点，**反者，道之动**。任何事物的发展运动都是朝着矛盾的对立面方向转化。我们经常听到的词语很多都是在讲述这个道理，比如：乐极生悲、喜极而泣、物极必反等，小学课本中有个故事"塞翁失马"，也非常形象地给我们这方面的启示，让我们明白所有事物的表面之下，其实都潜藏着"道"的存在，其内在本质规律在暗地发挥着作用。因此，我们看待某一事物的时候，要保持一种更为广阔长远的目光，而不要将目光局限在某一个孤立的点上，要明白事物的发展变化都在向相反的方向转化。所以，既要站在自己的立场看问题，还要站在相反的方向、对方的立场上看问题。最好还要把这两者统一起来分析，这样才是更加智慧，才能把问题看得更加透彻明白。

第二点，**弱者，道之用**。道，也就是事物发展变化的本质客观规律。它发挥作用的时候，其方式是用弱不用强，因为"反者，道之动"，用弱的反而能强，用强反而变弱。一切顺其自然，任由一切事物依照自然规律发展变化，而决不强加干涉，更不强加自己的意志，而是留给万物自由的发展空间。所以，道的作用是一个非常微妙的东西，并不为人力可以掌控，我们做事情的时候也要明白，总有一股无形的力量在你的掌控之外，我们应秉持一种"谋事在人，成事在天"的态度，做自己该做的事，并尽最大努力做到最好，但对结果则不要有过多的要求。

第三点，**天下万物生于"有"，"有"生于"无"**。中华民族传统文化中有盘古开天辟地，女娲造人之传说。人这个"有"都是生于"无"的。世间万物都孕育于混沌未开的状态，这不仅是神话的描述，也被日益发达的科学研究证明！有和无正是天下万物生成的根源。人在宇宙中，就好像沧海一粟，显得那么微不足道，实在是渺小！

但是在现实社会中，我们都乐于夸大一个人的存在价值，说某些事办成功全靠哪个领导的作用。这其实也是一种虚妄的表现，事情成功是其本质规律在起着决定性作用，领导人只是顺应规律，是促成事物成功的重要力量。如果过分夸大某个人的力量作用，长此以往就会犯下妄自尊大的错误，就会导致不自知，最终走向自我毁灭。那么，如何才能避免这种结局呢？这就需要时刻清醒地评估自己，及时地反省自己，顺应自然之道，明白生死皆自然，有生就有死，这是大道的自然规律，任何人都改变不了，只有这样，才能避免因妄想而导致的自我毁灭。我们的人生也就会变得更加豁然、更加坦然了。

第四十一章　大器晚成

【原文】：

　　上士闻道，勤而行之；中士闻道，若存若亡；下士闻道，大笑之。——不笑，不足以为道。故建言有之：明道若昧，进道若退，夷道若纇。上德若谷，广德若不足，建德若偷，质真若渝。大白若辱，大方无隅，大器晚成。大音希声，大象无形，道隐无名。夫唯道，善贷且成。

【译文】：

　　上等的管理阶层人士听到道，就会勤奋努力地去执行；中等的管理阶层人士听到道，将信将疑，犹豫不定；下等的管理阶层人士听到道，则会哈哈大笑，冷嘲热讽，如果不被这些人嘲笑，就不足以称为"道"了。所以，古时候立言之人经常这样说：**明道若昧**，真正光明的道路看起来好像是昏暗的，会有很多艰难险阻要克服解决；**进道若退**，前进的道路看起来好像是退步的，须知后退是前进中必须经历的一个过程；**夷道若纇**，平坦的道路看起来好像是不平的，总有坑坑洼洼，需要我们戒备和警惕；**上德若谷**，崇高的德好像是山谷，包容万物而生机勃发；**广德若不足**，越是有广博知识的人，反而好像自己有缺点；**建德若偷**，刚健的德经常表现为宽容、忍让，而不会去主动争取；**质真若渝**，真正好

的东西不会是完美无缺的；**大白若辱**，内心光明纯洁又具远大理想抱负的人好像是蒙受了屈辱的样子，因为他知道"知白守黑"的道理；**大方无隅**，真正的大方是没有角落，不留死角的；**大器晚成**，真正成大器的人往往是在最后阶段才成功的；**大音希声**，真正权威的声音，平时听不见，关键时刻掷地有声，落地生根；**大象无形**，任何事物都是按其本质客观规律运行发展变化，你看不到，听不见，却发挥着决定性作用。

所以啊，道隐无名，事物的本质规律都是潜藏在事物表象的背后，无名无状。只有道，才是善于帮助万物、成就万物的。

【感悟】：

上章讲了"反者，道之动"，本章列举了大量的实证应用，明道若昧，进道若退，夷道若纇，等等，全是古人留下的常言，成了我们现在的成语。我们真的是应该佩服中国古代的这些人，哲学思维水平竟然达到了这样的高度！全章九十几个字竟然有十几个成语，耳熟能详，一直沿用至今，两千多年啊，其生命力得有多强大！

本章中最能给我们带来启示的句子是，上士、中士、下士面对"道"的截然不同态度。尤其是下等的士，下士闻道，大笑之，不笑不足以为道。日常生活工作中，这样的人实在是太多了，你给他讲任何道理，他总是一副冷嘲热讽的样子。给我们的启示便是：**一定要勇于坚持自我**。当我们在坚持某个真理的时候，在我们要采取行动的时候，或者在我们要选择某一条道路的时候，总会有人投来异样的目光，评头品足一番，大有看你笑话的姿态。而老子告诉我们，这是正常现象，是不可避免的。甚至很有可能恰恰就证明了我们所坚持的东西价值超前，是正确的！因此，只要你认为自己的想法是对的，自己的行为是有意义的，那么就一定要勇敢地坚持自我。**而事实上，但凡取得成就的人，无不是在别人的不以为然甚至嘲笑中坚持到底最终取得成功的。**

第四十二章　或损或益

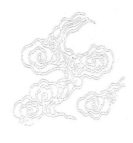

【原文】：

道生一，一生二，二生三，三生万物。万物负阴而抱阳，冲气以为和。（人之所恶，唯孤、寡、不穀，而王公以为称。故物或损之而益，或益之而损。人之所教，我亦教之。强梁者不得其死，吾将以为教父。）

【译文】：

世间万物都是在对立统一中按其自身的客观规律运行发展变化的，我们可以把它统称为"道"。也就是阴阳两极的统一体，正所谓一阴一阳之谓道，一之中蕴含阴阳两个方面，阴阳两极相互作用形成了万事万物。万物都是背阴而向阳，并且在阴阳二者相互中和的过程中生成新的和谐的状态，所以和谐是符合大道的。人们最厌恶的就是"孤、寡、不穀"，但是王公诸侯却用来称呼自己，他们这样做也是以自谦的方式，提醒自己不忘历史教训从而营造和谐的气氛。所以，有的东西你减损它反而能得到增加，得到益处，有的东西你增益它反而会受到减损。这都是别人教给我的，我也在此教给大家。什么事情都要依道而行，不能强逼，那些自逞强暴的人终将不得好死，我也将把它当作教人做人道理的宗旨。

【感悟】：

本章中老子应用辩证法的观点阐述了矛盾的对立统一规律，从而应用这个规律讲了做人应有的基本姿态：和！并以自谦的方式时刻营造和气的氛围。人越是自谦越能得到别人的拥护和尊敬，也就是损之有益。我们也经常说和气生财，家和万事兴，就是这个道理。还有的人不是这样，他们违背道义，强取豪夺，暂时看是得到了财富益处，可他们丧失的是道义良知，损失反而会更大。

只有和气之人，才是符合大道的。不和气的人常常以强暴的方式处事做人，被老子称为"强梁者"，其结局是不得好死！

前几年，世界互联网大会在浙江乌镇开幕。会上展出了德国人设计的智能机器人，身高体形等与真人无异，奇特之处在于可以完全模仿人的各种动作，摸爬滚打跳跃，翻越高墙，甚至还能做出各种中国式武打动作。一位参观的中国工程师惊奇惊叹道：这得程序员设计多少道程序才能完成这么多完美的动作啊！旁边一同观看的德国设计师却说：不多，三道程序而已！中国工程师马上说：不可能，绝对不可能！三道程序能做出这么多动作简直是异想天开！德国人说：看来您还是不懂啊！你们中国的老子在两千多年前就说过，道生一，一生二，二生三，三生万物。我们设计的这个机器人正是应用

了这个智慧哲理。只设计了最简单三个动作程序，再采用程序迭代技术，优选劣汰，就形成了今天的智能机器人。所以说，中国古人的智慧真是太牛了，竟然指导了当今世界高度发达的互联网技术。

老子之后的孔子说过，**己所不欲，勿施于人。**再往后的北宋政治家范仲淹说：**不以物喜，不以己悲。**这都是追求"和"的状态的至理名言，是一种修身修炼自己情操的高深境界。因此，不管是处在人生低谷，还是遇到不如意的事情，我们都不可以为一时的得失而或喜或悲，而是要冷静、平稳、和气地面对一切，只有做到这些，才能经得住狂风骤雨的洗礼，最终见到美丽的彩虹。

第四十三章　无为之益

【原文】：

　　天下之至柔，驰骋天下之至坚。无有入无间。吾是以知无为之有益。不言之教，无为之益，天下希及之。

【译文】：

　　天下最柔弱的东西，可以纵横驰骋穿行于最坚硬的东西之中。虚静无形的东西可以自由穿越任何看似无缝的地方。我因此知道了"无为"的益处。这种无言的教化，正是身教重于言教；无为的益处，正是无为胜有为。但天下人却很少能做到！

【感悟】：

　　天下之至柔，天下最柔弱的东西是什么呢？就是指水，答案显而易见。水为至柔至顺的东西，它泰然自若，无欲无求，可以任由我们把它放到不同的器皿之中，呈现不同的形状。水的柔和象征着大道的德行。它总是安静地绕开繁华，顺着低洼的河谷缓缓前行，默默无闻顺流而下，滋润山谷田地，它造福万物却不主宰万物，不居功自傲，永远甘于卑下。前面讲上善若水时，我们概括了水的九种美德，水是最符合大道特征的。但在老子看来，尽管水是至柔至顺的事物，但它可以在最为坚硬的东西中驰骋奔流。虽然水柔弱到了近乎虚无的境界，但

112

并不意味着它柔弱可欺。我们都知道一个成语"滴水穿石"，一两滴水的力量也许是微不足道的，但日积月累，柔弱的水滴可以在坚硬的岩石上穿个孔，这就是水的神奇的力量！这就是水的本质，看起来柔弱温顺，实际上攻无不克。从宇宙的洪荒年代开始，到现在仍常见的洪水泛滥，其摧枯拉朽之势，力量无穷，人类已无数次领教了它的厉害！

这就是"道"，老子接着讲"德"。无为之益，不言之教。有些事情，无为比有为效果会更好！身教重于言教！无为就是风，我们可以想象一下，我们中国人经常使用的一些词语，和"风"相关，比如：作风、家风、风格、精神风貌、党风党纪等，这不都是无形的吗？但这些东西往往是最厉害的。其中的家风，一个家庭是什么风气，直接决定一个家庭家族是兴旺发达还是江河日下。有心理学家做过研究，80%的人智商是差不多的，也就是普通人，另有约10%是高智商，就是天才型人物，有约10%属于低智商，包括少量智障人。把两头的去掉中间这80%的普通人，大家家庭背景也都是普通型的，为什么有的人勤奋，有的人懒惰，有的人好学，有的人不好学，有的人可以成为精英，有的人却甘居贫穷也从来不思谋改变，这其中家风起的作用非常大，**无为有益**！老子简单的四个字，带给我们无限的领悟空间啊！我们常说的企业精神，有太多的企业把它当成了一句空话。我也见到很多企业介绍自己时说我们的企业精神是奋斗、拼搏、进取、创新等。说得很对，但这种精神不是用行动事实打造出来的，而是领导者想出来的，这样做效果就会大打折扣了。如果反其道而行之，用员工、用管理层的真抓实干，打造出具有自己特色的企业精神，并将其注入每位员工的大脑，变成我们工作行动的灵魂指南，那就一定会效果倍增，爆发出无穷无尽的力量！

做管理工作尤其要注意不言之教，也就是身教重于言教。老去教化、训导别人，反而会起负面的作用，不如带头行动，做个好的榜样，要求员工做到的，领导要带头做到，就是领导要起模范带头作用。上行下效，你做到了，员工自然做到；反过来，上梁不正下梁歪，做领导的违章违纪，员工能遵章守纪吗？显然不能。我们听领导讲话，也经常说，榜样的力量是无穷的。其实这个榜样的"不言之教"也就像"风"一样有无为之益，在无形中发挥着巨大的作用。

第四十四章　知足不辱

【原文】：

名与身孰亲？身与货孰多？得与亡孰病？甚爱必大费，多藏必厚亡。故知足不辱，知止不殆，可以长久。

【译文】：

名誉与生命比起来，哪一个更值得我们亲近？生命与财富比起来，究竟孰轻孰重？得到与失去相比哪个危害更大？过分地热衷名利场就必定要付出更大的代价；过分地积敛财富，必定会导致惨重的损失。所以，知道满足就不会遭受耻辱，懂得适可而止就不会遇到危险，只有这样才能保持长久的安乐。

【感悟】：

老子在此给我们列举了人生必须面对、必须回答的三个问题：名与身孰亲？身与货孰多？得与亡孰病？答案也显而易见，自在问题里边包含。从而也阐述了人生在世的最高目标，应该是追求健康长寿，而不是永无休止地追名逐利。他也不否定利用智慧的大脑和勤劳的双手来争取财富和名誉，但我们必须把握一个度，要适可而止。只有这样才能既收获名利，又保持身体的健康，这才是幸福的人生。名与身、身与货、得与亡，这是三个对立的事物。

老子在此进行了比较，也就是对立统一规律中的二分法比较，仍然是前述"反者，道之动"的思维方式，也是一种道的阐述。接着告诉我们"甚爱""多藏"亦即过度追求财富的后果，提出一种警示，非常严重的后果：**甚爱必大费，多藏必厚亡！**

那么如何正确对待财富和名利呢？怎样才能获得既有财富美名又健康长寿的人生呢？老子告诉我们非常精辟的八个字：知足不辱，知止不殆！

当然达到老子这样的境界是非常不容易的！我们都是普通人，都在名利场中求生存求发展，获得十万财富就想着百万，之后还有千万、亿万财富，怎么能做到适可而止呢？尤其是企业经营者，在如此竞争激烈的市场环境下，财富的积累过程也是企业的发展过程，能停下来吗？这里要明确两个概念，一是企业财富，亦即企业总资产，二是企业经营者个人的财富。企业的本质更多地表现为资本的属性，终极目标是不断地做强做大，经营者个人的财富应该是有边界的，应该适可而止。**老子在《道德经》中已经表述过三种对待财富的态度：第一种是要自省，要有所为有所不为，不妄为，不多为，一切顺应自然，一个人富有了要为更多的人谋福祉谋财富；第二种是当财富积累到一定程度时要追求更高的层次，追求精神财富，要在财富积累的过程中永远守护好我们的精神家园；第三种就是本章讲的要知足、**

知止，知足才能不辱，知足而后乐，知道什么时候要停下来，才能免遭危险失败，才可以长久幸福。要树立起"底线思维""红线思维"，知道边界，守住底线，不闯红线。人生的目标是拥有财富的同时健康长寿。绝对不要陷入财富名利的泥潭之中不得自拔，为了获得财富损伤自己的健康，变成贪婪的人生，变成本末倒置的人生。

第四十五章　大成若缺

【原文】：

　　大成若缺，其用不弊。大盈若冲，其用不穷。大直若屈，大巧若拙，大辩若讷，大赢若绌。静胜躁，寒胜热。清静，为天下正。

【译文】：

　　天下最完美的东西好像都有欠缺，但它的作用永远不会衰竭；天下最充实的东西好像都有空虚，但它的作用无穷无尽。最直的东西看起来好像是弯曲的，最精巧的东西好像是笨拙的，最卓越的辩才好像不善言辞，出言非常谨慎。最大的盈利好像是亏本的，财富不可以轻易外露。运动可以战胜寒冷，清静可以战胜燥热，做到内心的虚静无为才能将天下领上正道。

【感悟】：

　　本章还是沿用"反者，道之动"的思维方式继续展开，以事喻理，告诉我们世上没有完美无缺的东西。所以，你也就不要追求什么完美无缺了。一旦事物发展到顶峰的状态，便会朝着相反的方向转化，只有保持"大成若缺""大盈若冲""大巧若拙"的状态，才不至于走向极端。

　　老子反复强调物极必反，目的在于告诉我们凡事要把握一个度，一定要适可而止，做任何事情都

要留有余地，留有余地则可进退自如，保持开创的事业不会衰退，并使其在循环往复中源源不断地发展下去。

一个越是有大成就的人，越是了解自己的缺点，越是觉得自己有缺点有缺憾，所以他就不断学习、不断努力，这样就产生了一种动力，发挥出来的作用就会是无穷无尽的。认识到自己有缺点，这样才能更好地避免自己的弊端，才能更好地使自己的缺点得以改正并获得长久的进步。

在企业管理中，六西格玛管理得到了推广和应用。六西格玛其实是一个管理目标，达到这个质量水平意味的是所有的过程和结果中，99.99966%是无缺陷的，也就是做 100 万件产品，只有 3.4 件是有缺陷的，这就是人类能够达到的最为完美的境界、最高水平的境界。所以没有绝对的完美，我们所能做的就是尽最大努力减少缺陷。

一个越是智慧聪明的人，越是谦虚谦逊。《尚书》中有句话叫"满招损、谦受益"，是大禹手下伯益讲的。他非常奇妙，为此还制作了一个警戒器，叫欹器。这个欹器水装满了就颠倒了，装不满的时候，放在那儿稳稳当当，就是时刻在提醒告诫人们"满招损、谦受益"。孔子非常喜欢这个东西，在其后半生一直带在身上，走哪儿带哪儿！这么大的学问家还要时常提醒自己，何况我们普通人呢！

第四十六章　知足常足

【原文】：

　　天下有道，却走马以粪；天下无道，戎马生于郊。祸莫大于不知足，咎莫大于欲得。故知足之足，常足矣。

【译文】：

　　统治者治理国家如果能遵循道的规律，做到政治清明，百姓安居乐业，就可以将善跑的马匹还给农民用以耕田。如果治理国家不遵循道的规律，政风污浊，民不聊生，战祸四起，就连怀孕的母马也要上战场！最大的祸患莫过于不知道满足；最大的过错莫过于贪得无厌。所以，知道欲望有度，懂得知足，才能保持长久的满足。

【感悟】：

　　我感觉此章内容是老子以一种悲愤的口气在教导那些向他请教的人们，以此表达了一种对战争的不满，对战争的厌恶以及对和平的热爱。

　　他先是用十分简洁形象的语言描述了两个场景。一个是天下太平，政明风清，百姓安居乐业。天下有道，却走马以粪！如果统治者能遵循大道，马匹就会离开战场去从事农业耕作，这不就是安居乐业吗？一个"粪"字，非常形象贴切，就是农业耕田施肥，概指全部农业生产活动。一个是天下无道，

戎马生于郊。如果统治者恣意妄为，不遵循道的原则，那么战马就会在郊野战场上生下小马驹。而一般的认识是骒马不能上阵作战，如果骒马在战场上生马驹，只能说明战事是多么紧张多么吃紧了！这就是老子训人的话，作为统治者，如果国家管理得好，战马还田。如果你管理不好，骒马也得去战场上生产！其潜在的意义是什么？对战争的痛恨，对和平的热爱跃然而出。

紧接着，老子给出三个警示！最大的罪过莫过于放纵欲望！最大的祸患莫过于不知道满足！最大的过错莫过于贪得无厌！老子认为**贪婪是一切灾祸的根源**。统治者为了满足贪婪的欲望而发动战争，结果人民深受其害；我们普通人为了满足贪婪的欲望，同样也会付出惨痛的代价。欲望的外向性，决定了我们对物质的贪婪欲求只能是一个无底之洞。如果深陷其中，只能是病苦一生。所以，一定要借助大道精神，也就是一切依道而行，遵循事物发展变化的本质客观规律，从贪婪之中解脱出来，达到内心的满足，才会感觉到人生的快乐。

最后，老子得出结论：知足之足，常足矣！也就是知足的满足才是长久的满足。知足者富，如果永远处于不知足的状态，也就不会有心灵的安宁。

第四十七章　不为而成

【原文】：

不出户，知天下；不窥阙牖，见天道。其出弥远，其知弥少。是以圣人不行而知，不见而明，不为而成。

【译文】：

得道之人不用出门，也能知晓天下事理，不用通过窗户去观察展望外面，就能知道大自然的运行规律和法则。悟道靠的是内心的修炼，如果不是向内寻求，而是向外寻找求索，你出去到外面的地方走得越远懂得的大道智慧就越少。所以，有道的人不用出行就能够推知事理，不用窥望观察也能明白道理，不妄为、不多为就能够取得成功。

【感悟】：

老子这一章用无为的思想提出了自己的认识论和实践论。在认识上，我们通常都是博闻广见，老子却认为，不用出门不用观望就能懂得天下的事理；在实践上，说只要遵循事物的本质规律不要妄加施为就可以取得成功。实际上，老子在此讲的是内心的修养修炼对于事业的重要性！老子讲的不用出门，不向外展望，不妄加施为，那他待在屋里干啥呢？静坐！静坐打禅、学习修炼，这就是当时的状态。我想起两个超人，一个是乔布斯，苹果智能手机之

父，他在成年之后的大半生中每天都有一个习惯：静坐冥想！他想什么我们当然不得而知，但必定是在进行内心的修炼；另一个是创办了两家世界五百强企业的稻盛和夫，世界顶级富豪啊，每年坚持托钵化缘，头戴斗笠，身披袈裟，赤脚穿上草鞋，逐户诵经恳求施舍。他们两个都是在以自己的方式进行内心修炼，以此获得内心的宁静，摒弃私欲杂念，摒弃浮躁妄为，才成就了自己的事业！所以如果没有内心的修炼，而是不断地向外索取，无休止地追逐财富名利，老子在 2600 年前就告诉你：其出弥远，其知弥少！你出去外面走得越多越远，你获得的道的知识认识智慧就会越少！你只要按照事物发展变化的本质规律处世做人，不用出行就能知晓事理，不用观察观望也能明白事情，不用多加施为也能取得成功。

第四十八章　为学日益

【原文】：

　　为学日益，为道日损。损之又损，以至于无为。无为而无不为。取天下常以无事，及其有事，不足以取天下。

【译文】：

　　追求学问的人，知识一天比一天增多；追求"大道"的人他内心的私欲杂念会一天比一天减少。减少再减少，终有一天会达到无为的境界。如果能达到"无为"也就是一切按照事物的本质规律做事做人，就没有什么做不成的事情了。管理天下的人要做到内心清静，以不多事不扰民为治国之本，如果妄为滋扰，不按事物的本质客观规律做事举政，就不配治理天下了。

【感悟】：

　　老子这一章通过"为学"和"为道"的不同，阐述了另一个方法论。"为学"，做学问，知识就会越学越多，"为道"则不同，不断地追寻事物的本质规律，其内心的私欲杂念就会越来越少，最终达到"无为"的境界。为什么把"为学"和"为道"放在一起比较呢？其实这两者具有一定的统一性。为学，学什么，实际上就是通过学习各种知识去"悟道"，领悟事物发展变化运动的本质规律。你

的知识通过学习当然是越学越多，也就会领悟更多的本质规律，你内心的私欲杂念就会越来越少。总有一天，你会明白，我们生存于此世，浩瀚人生，个人价值实在是太微不足道了，只有把我们的一切与大道融合，才能彰显其非凡价值，也就达到了无为境界，这样，你就不会有什么干不成的事情了！

最后一段是老子的实践论，亦即依道而行的结果，就是"德"。治理国家的人，从事管理工作的人，要以"无为而治"为根本，不能扰民，不能滋事生非，不能胡折腾，否则，就不配从事管理工作了！

再次强调了"无为"的重要性！无为不是真正的无所事事，而是不妄为。不妄为也就合乎了道的德行，如果做什么事情都能合乎自然规律，那么，不妄为就变成无所不为了。

具体来讲"无为"的含义。第一，不妄为，你不了解事物的发展规律规则，由着自己的性子瞎折腾，结果会非常糟糕；第二，不多为，要抓住关键，举重若轻，静之徐清，看到事物的本质，找到解决问题的正确方法；第三，有所不为，人要想有所为，必须有所不为，要想有所得，必须有所失。我们只有舍弃了阻碍我们正确行动、阻碍我们沿着大道行走的各种纷扰，才能达到无所不为的效果。

从商从政无不如此！

第四十九章　圣无常心

【原文】：

　　圣人无常心，以百姓心为心。善者，吾善之；不善者，吾亦善之，德善。信者，吾信之；不信者，吾亦信之，德信。圣人在天下，歙歙焉，为天下浑其心。百姓皆注其耳目，圣人皆孩之。

【译文】：

　　好的领导人、得道之人是没有自己的私心的，他们以百姓心为自己的心，内心时刻装的是天下百姓。善良的人，我善待他们；不善良的人，我也很好地善待他们。这样就可以人心向善，获得良好的社会风气。诚信的人我以诚信待他，不讲诚信的人，我也以诚信待之，这样就可以形成人人讲诚信的局面。好的领导人治理天下，会收敛自己的私欲偏见，使天下百姓的内心变得纯朴宁静，只要关注他们看得见听得到的事情就可以安享太平，有道的领导人对待百姓就像对待自己的孩子一样充满无私的大爱。

【感悟】：

　　这一章老子讲了"德善""德信"的最高境界。即一个好的领导人，得道之圣人应该以一个什么样的心态去对待自己管辖的老百姓。圣人以大道为根本，立世做事做人皆以事物发展变化的本质规律为原则，不因人情世故及环境的改变而改变，所以对

待善和不善、信与不信都以同样的善良之心和诚信之心，以此形成全社会讲诚信讲友善和谐相处的风气。这就是一种大爱无疆之坦荡胸怀。实际上，作为领导人，这种素质是必需的，对待自己的员工、下属尤其需要这种父爱般的大爱情怀。在企业组织内部，领导对员工当然有喜爱偏好，但是必须像父亲对待自己的孩子一般。你要求他做各种事情，他会取得成绩进步，也会犯下各种错误。你必须以父爱的心态姿态去处理，你和他的关系不能简单地理解为领导与下属、老板与员工的关系，因为简单地理解为隶属关系，完全可以使用处罚制度等割裂关系，这样只会遭受更大的损失。而要以父亲般的大爱去处理。他做得好，你对他好；他做得不好，你仍然要对他好；他守信用，你相信他；他不讲信用，你仍然要信任他。只有这样，才能形成人人做好事、讲诚信的大好局面。当然前提是"圣人在天下，歙歙焉"，做领导的不能有自己的私心，大家都为企业共同目标奋斗工作，员工只要做好分内之事就可以了。

本章内容层次分明。上边的领导该怎么做，下边的属下百姓员工等该怎么做，都说得清清楚楚，阐述了"德善""德信"的至高境界。但我们知道，真正的和谐是有差别的统一，所谓"各美其美，美人之美"，老子没有明说，但已经表达出他要追求的一种理想状态了。员工也罢，下属也罢，品德素质千差万别，必须因材施教，因地制宜，针对具体原因进行具体分析，施以不同的管理激励措施。这才是现代人力资源管理最为科学的办法。

第五十章　出生入死

【原文】：

出生入死。生之徒，十有三；死之徒，十有三；人之生，动之于死地，亦十有三。夫何故？以其生生之厚。盖闻善摄生者，陆行不遇兕虎，入军不被甲兵；兕无所投其角，虎无所用其爪，兵无所容其刃。夫何故？以其无死地。

【译文】：

人的一生就是从出生到死亡的一个过程。长寿的人约占十分之三，短命而亡的人约占十分之三。本来是长寿之人却因妄作妄为而把自己置于死地的也约占十分之三。为什么会这样呢？因为他们过分地追求酒肉饱腹生活，奢靡奢华不知有度，奉养过厚了！曾经听说善于养生的人，走在路上不会遇到兕牛猛虎，上阵打仗不会被兵器所伤。兕牛虽凶，却无法施展它的尖角；老虎虽猛，却无法动用它的利爪；兵器虽然锋利，却无法发挥它的作用。这又是为什么呢？因为他从来不把自己置于这些危险的死地。

【感悟】：

这一章老子讲的是生死观和养生观，也是我们每个人一生中必须面对的问题。这个问题，对一般人来讲可以说非常沉重！只有生命可以带给我们一切欢娱、美好，而死亡则意味着万事休矣！常有灵柩前的对联是这样写的：三寸气在千般用，一旦无常万事休。以至于很多人不敢直面生死，选择逃避话题。须知，生死乃是常态！有生必有死，任何生灵从它诞生的那天起，就决定了他终将死去，这是任何人都无法逃避的。所以要敢于直面生死！这就是正确的生死观。既然如此，我们关心的就应该只有一个问题了，那就是如何才能使短暂的生命更有价值，意义更为长久！在老子看来，一个人收敛欲望、清心守静，做事做人依道而行，就可以长寿；相反，如果嗜欲太重，妄作妄为，就会很快走向死亡，成为短命鬼。

那么如何养生呢？老子认为，善于养生的人，必定少私寡欲，过着一种清静质朴、纯真自然的生活。任何人为的干预，比如炼丹呀，吃大补药呀等，都是违背自然规律的，不但于事无益，还会起到相反的作用，甚至加速死亡的进程。

"人之生，动之死地，亦十有三"，老子的这句话，特别有意思。本来是长寿之人，因为自己的缘故，走到死亡的境地也就是早亡，这类人约占了十分之三。也即因自己贪婪过度，对财富、美色、美食、权力等常怀有贪欲之心和执着之心，得到了还想更多，得不到就忧伤悲伤，而使自己郁郁寡欢，忧心忡忡，不能做到清心寡欲，长期下去就会郁闷

结于心，悲观失望挥之不去，从而损伤自己的身体，进入早亡的队伍。老子说，这类人约有十分之三，百分之三十！估计这个数字是老子通过观察总结得来的，比例太大了，太值得我们反思了！我们可以看看周边的人，看看那些曝光后的贪官们，他们的贪欲之心太触目惊心了！几十万元一桌饭，上千万元的名牌手表，几万元的一瓶酒，作孽啊，最后的结局只能是"动之于死地"了。

所以，善于养生之人要顺应天道，依照客观规律行事做人，外患就不能靠近他的身体，也就不会因外患而死亡了。说到底，每个人都害怕死亡，这一点是完全可以理解的。因为每一个人的生命都是来之不易的，我们应该好好珍惜，让有限的生命创造尽可能大的价值，应该时刻保持清醒的认识，珍惜生命绝不是用单纯的怕死来表现，而必须让生命释放能量，实现价值，创造价值，这才是我们最应有的对待生命的方式。

第五十一章　尊道贵德

【原文】：

　　道生之，德畜之，物形之，势成之。是以万物莫不尊道而贵德。道之尊，德之贵，夫莫之命而常自然。故道生之，德畜之，长之育之，亭之毒之，养之覆之 。〔生而不有，为而不恃，长而不宰，是谓"玄德"〕。

【译文】：

　　只有遵循万事万物的本质规律，才可以让自然社会生生不息，充满生机；在此基础上，还要不断地坚定地按照"道"的原则、方式做事创造，就是在养育滋润万事万物，就是"积德"；还应具备一定的物质条件、方法、手段，万事万物才能成长发育；再加上周围环境形势的烘托，才能使万物成长壮大。所以，世间万物都应遵从事物发展的本质规律，而且要坚定不移地按照本质规律做事积德才能培养成为最珍贵的道德品质。道受遵从，德被珍贵，正是由于道和德从不妄加干涉事物的发展变化，一切都是自然而然的结果。所以，道生成万物，德养育万物，使万物不断成长发育，使万物终将成长并成熟，使万物不断得到营养，使万物得以保护。但是"道"生成了万物却从不占为己有，养育了万物却从不自恃有功，促成了万物的成长壮大却从不主

宰万物，这就叫意义极为深远的"玄德"。

【感悟】：

这一章，老子给我们上了一堂成功学的大课，其意义道理十分深刻！题目叫"**尊道贵德**"，是成功的要义或主要内容，他清清楚楚告诉我们要想事业有成，必须具备四个核心要素和条件，也可理解为必需的程序和原则。

第一个是必须有"道"，道生之。必须遵从万事万物运行变化的客观规律，要坚守大道，按道的方式和原则做事。

第二个是必须有"德"，德畜之。在有道的基础上，要坚持不懈地按照"道"去做，也就是"积德"。只有足够的"积德"，成功才是水到渠成，自然而然的事情。

第三个是必须有"物"，物形之。有道有德，就一定可以做成事情吗？还不够！必须具备一定的物质条件和手段，俗话说：巧妇难为无米之炊。有米有面才能做一顿美餐，不具备物质条件、方法、手段，任何事情也做不成！

第四个是必须有"势"，势成之。就是环境和形势，所谓大势所趋，要顺势而为，不可逆势而上。你要创办企业，必须有国家政府创造的好的营商环境、政策支持，开发的产品必须是符合产业政策，受到市场欢迎的、政府鼓励的，如果没有这个"大势"，开发的产品是国家明令禁止的，则投产之日就是倒闭之日，所以，明白"大势"也是非常重要的。

这四点，道、德、物、势，就是老子"成功学"的核心内容，是我们要办成功一件事情必须具备的四个核心要素和条件，缺一不可！四个条件皆具备，按照事物发展变化的客观规律去做，就会得到培育、不断成长、得到保护，这样，事物就会始终处于发展壮大的过程之中。

最后一段，**生而不有，为而不恃，长而不宰，**是老子对从事管理工作人士应具备的道德品质最为精辟深刻的总结，是好的管理者必须培养具备的条件，被周恩来总理高度赞扬，认为这三点是《道德经》中最为精彩的内容，一生奉为圭臬，也正因为如此，成就了我们人人爱戴的好总理。

第五十二章　天下有始

【原文】：

天下有始，以为天下母。既得其母，以知其子；既知其子，复归其母。没身不殆。塞其兑，闭其门，终身不勤；开其兑，济其事，终身不救。见小曰"明"，守柔曰"强"。用其光，复归其明，无遗身殃。是为"袭常"。

【译文】：

天下万物都有其来源的地方，亦即万物皆有生母，就是天地万物的根源。认识到万物的根源，就可以认识到具体的事物。既然认识了具体的事物，再追本溯源就可以认识到万物的根本，那么，终身也不会发生危险了。关闭欲望的阀门，关闭欲念的心门，就可以终身没有什么烦恼的事了。打开欲望的阀门，就会增加太多纷扰繁杂之事，那你终身不可救药了。能从细微之处观察事理叫"明"，能够坚守柔弱虚静叫"强"。应用事物发展变化的普遍规律了解其具体性、特殊性，再复归到本质规律之中，就不会给自己带来灾祸殃及全身。这就是我们所说的普遍的永恒的发展变化规律。

【感悟】：

这一章老子在教导我们认识"大道"的方法，也就是认识事物发展变化之本质规律的方法。天地

创造万物，从一开始的时候"大道"就已经存在了，它是生养万事万物的母亲！天下万物的运动变化发展遵循自身的客观规律，这是普遍的真理。应用这个普遍真理我们也可以知晓事物发展变化的具体的规律，通过具体事物的发展变化规律，我们也可以知晓事物发展变化的普遍规律。这个道理掌握应用好，终身不会有什么危险！

具体怎么做呢？"塞其兑，闭其门，终身不勤。"意思就是堵塞自己身上欲望的入口，就不会有什么烦扰，就可以终身坚守大道！如果反其道而行之，打开自己身上欲望的入口，那就终身不可救药。

要从细微之处研究观察事物发展变化的本质规律，要坚守柔弱处下的原则，应用事物发展变化的普遍规律指导实践，探索事物发展变化的特殊规律，这样就会使自己"无遗身殃"，不会受害而殃及全身。

总的来说，还是矛盾的对立统一规律。我们既要看到事物发展变化的普遍规律，又要看到事物发展变化的特殊性。比如：物质是运动的，这是普遍规律，静止是相对的，这就是事物的特殊性。地球和月亮都随着太阳运转，但地球和月亮的相对位置是静止的；我们乘坐的高铁列车飞奔在轨道上，但列车内部又是相对静止的。

发展变化是普遍规律，它存在于天地之间，因此，可以叫做"大道"。我们了解了大道，掌握了普遍的规律规则，再来认识掌握具体某一项或某一个事物发展变化中的规律规则，这是非常有帮助有意义的。反过来也一样，了解了具体事物中的规律规则，也能够让我们更加坚信大道的存在，更加了解大道的伟大。

此章内容以母子为喻，以大小对照，告诉了我们探索事物发展变化本质规律的方法论，在哲学道理层面上的阐述，应用到任何一门学科、学术乃至疑难问题的解决上，都必定会大有裨益。

第五十三章　行于大道

【原文】：

使我介然有知，行于大道，唯施是畏。大道甚夷，而人好径。朝甚除，田甚芜，仓甚虚；服文彩，带利剑，厌饮食，财货有余，是为盗夸。非道也哉！

【译文】：

纵使我稍微懂点事物运行的基本规律，我也要坚定不移地按照规律规则办事，坚定地行走在大道上，唯恐偏离大道走上歧途。其实大道十分平坦，只要坚定地按照事物发展变化的本质规律做事做人，就一定会取得丰硕的成果。可是普通人偏偏喜欢走捷径，最终走上歧途，结局就会很不好了！治理天下无道的昏君就是不懂这个道理。朝政已经非常混乱，农田杂草丛生几近荒芜，国家的粮仓已经空虚了，可那些无道的昏君穿着华丽的衣裳，佩戴锋利的宝剑，整日沉溺酒池肉林，任何美食都已心生厌倦了，还搜刮积累了大量财货，全部是民脂民膏，这是在夸耀自己的强盗行径。真的是太无道了！

【感悟】：

老子这一章从大道与小径的角度，从反面论述了"大道"的重要性和艰难性，"行于大道"是最高原则，这一章我们可以理解为是老子"反腐败"的战斗檄文。我即使稍微知道一些大道的原则知识，

也要坚定地走在大道之上，每一步都是如履薄冰，战战兢兢，唯恐走上小径误入歧途。看看那些腐败无道的昏君，他们治理的朝政混乱不堪，老百姓也不好好种地了，杂草丛生近乎荒芜，国库也空虚了，可那些昏君们干什么呢？他们穿着华丽名贵的服饰，佩戴镶金嵌玉的宝剑，搜刮民脂民膏财货如山，却不知体恤民情，任由自己挥霍无度，等同于炫耀不义之财，夸耀其强盗行径，实在是太无道了！

腐败的结局，老子虽然没有明说，但他以四个字结尾"非道也哉"，已经是非常严厉地指出这些都是"非道"！也就是不符合道的原则，违背规律的行为，最终的结果必定会受到上天的谴责和惩处，其治理的国家离灭亡也就不远了。也可以说不只是治理国家，无论做任何事情，都存在一个走大道还是行小径的差别；而且也不只是统治者，任何人都面临着大道和小径的选择问题。毛泽东词曰：天若有情天亦老，人间正道是沧桑。这个正道，就是大道，就是社会发展的正常规律。只有坚持正道，才能让沧海变成桑田，让社会发生革命性的发展变化，可见正道之不易。毛泽东领导的军队走在为老百姓谋幸福的康庄大道上，虽历经千难万险，但最终取得了胜利，夺取了天下；蒋介石领导的军队贪污腐败成风走上了歧途，最终失去了天下。

仔细想也是，现实之中，我们有几个人是真正走在大道上呢？可以说，几乎大多数的人都或多或少地偏离了大道，我们总是经受不住诱惑，本来在大道上走得好好的，因贪图各种利益而走上歧途，为什么会这样呢？是因为大道虽然平坦易行，只要默默地走下去就可以到达目的地，但人们却总是觉得这样平淡无奇，不刺激，不新鲜，没有激情。于是去寻找刺激，冒险，另辟蹊径，自以为能比别人更快地到达目的地。比如：做事耍小聪明，玩伎俩手段，投机取巧等，结果，轻则搬起石头砸自己的脚，重则给自己带来无穷的灾祸。

正如老子的感慨：大道是多么平坦啊！为什么偏偏要去走那些前途未卜、崎岖不平的小径或歧途呢？这并非老子故意夸夸其谈，对于悟透了"道"的老子来说，这实在是老子的肺腑之言！他是在提醒、警示我们啊！要"行于大道"！哪怕稍微有些认识，也一定要坚持大道，并且要小心谨慎，唯恐走上邪道。

智者所言，须正视！正听！而行之，行于大道，谨记！

第五十四章　善抱大道

【原文】：

善建者不拔，善抱者不脱，子孙以祭祀不辍。修之于身，其德乃真；修之于家，其德乃余；修之于乡，其德乃长；修之于邦，其德乃丰；修之于天下，其德乃普。故以身观身，以家观家，以乡观乡，以邦观邦，以天下观天下。吾何以知天下之然哉？以此。

【译文】：

善于在精神思想领域有所建树的人是不可拔除的，善于掌握保持道的原则和精神的人终不会脱离道，如果子子孙孙都能坚守这个道理，后代的烟火自会绵延不绝，代代相传。按照道的原则用以修身，他得到的德就是真实纯正的；按照道的原则用以齐家，他得到的德就是丰盈有余的；按照道的原则治理一个乡镇，他就是一个好的乡镇领导；按照道的原则管理一个国家，他收获的德就是丰盛的、伟大的；按照道的原则去治理天下，他得到的德就是普遍的、光照万物的。所以，我们可以按照修身的原则来观察别人，按照齐家的原则来观察其他的家庭，按照治理一个乡镇的原则来观察其他乡镇，按照治理一个国家的原则来观察其他的国家，按照治理天下的原则来观察普天之下，就能很简单地看清楚是否遵守了道的原则，是否依道而行。我凭什么知道天下的事情呢？就是应用了这个方法。

【感悟】：

"修身、齐家、治国、平天下"本是儒家思想的精髓，可是在老子的这一章里，讲的也是修身、齐家、治国、平天下。所以先秦时代诸子的思想虽有较大差别，但也有相同的地方，也正因为如此，才形成了其百花齐放、百家争鸣的时代特征。

同时也说明一个问题，我们要想有所建树，承担更大的重任，就必须从修身开始，然后齐家、治国，最后才是"平天下"，这是一个循序渐进的过程，这是诸子共识。只有做好自己，从自己做起，要求自己坚定不移地按照大道的原则精神处事做人，并要"善建"，有所建树，"善抱"，坚持不懈不放松，最后才能成为一个好的领导者。无论是一个好的家长，或好的乡长，好的组织领导者，能够治理天下者，都是一个道理，都是如此。

老子讲的是管理学、领导学，按照道的精神原则要求约束自己还不行，因为你肯定是带队伍的，所以要让道的原则得到普遍的贯彻执行，有什么办法吗？老子也给我们总结介绍了一个以此类推式的方法论，那就是"以身观身，以家观家，以乡观乡，以邦观邦，以天下观天下"。以自己修身的感悟表现观察检验别人是否尊道贵德，以自己的家风是否

合乎道的原则观察其他人的家庭是否符合道的原则精神。以乡观乡，我们也可以理解为以自己所在的单位观察别的单位，以此类推，直至以天下观天下。比如以秦国治理天下的办法观察楚国治理天下的情况等，天下道理都是如此。老子也正是应用这个方法来获知天下情况的。只有大道在天下得到普遍执行，成为普遍的社会风气，我们这个社会才会长久安宁，实现长治久安、欣欣向荣的共同理想。

第五十五章　物壮则老

【原文】：

含德之厚，比于赤子。毒虫不螫，猛兽不据，攫鸟不搏。骨弱筋柔而握固，未知牝牡之合而脧作，精之至也。终日号而不嗄，和之至也。知和曰常，知常曰明，益生曰祥，心使气曰强。物壮则老，谓之不道，不道早已。

【译文】：

德行深厚之人，就好比天真无邪的婴儿，毒虫不会螫他，猛兽不会伤害他，巨鸟看见也不会用爪翅搏击他。他的筋骨还很软弱柔嫩，但小拳头握得很紧很有力量，虽然混沌无知根本不懂男女交合之事，但他的生殖器却常常勃起显示出阳刚之气，这是因为他精力充沛，精气神很足。他终日号哭不停，但嗓子不会因此嘶哑，是因为他元气醇和。知道柔和平和的重要作用就是了解了道的普遍规律规则，知道事物发展的本质规律的人才是明智之人，让我们的生命创造价值才是吉祥而幸运的，纵欲任性就是逞强的表现，是不符合事物发展变化的本质规律的。事物过于强盛就会走向衰老，因为它违反了道的法则，凡不遵守道的法则的必定会很快消亡。

【感悟】：

这一章，老子用了一个十分形象的比喻，告诉

我们德行深厚之人应该是一种什么形象表象。先把德厚之人比作赤子，"赤子"就是初生的婴儿，赤子是什么状态，德厚之人就是什么状态。最后老子又发表了自己的感悟观点，告诉我们一个人的生命应该是什么状态，并从反面论述不这样的话，也就是不遵守道的规则，很快就会走向灭亡。

老子的每一章的论述，层次都非常分明，用的比喻也很恰当通俗，让我们非常易于了解掌握，很快就能明白其阐述的道理。而且，往往在最后提出警告，不这样的话，会是什么结果！

把德行深厚之人比作初生的婴儿，他来到这个世界其实什么也不懂，正是无欲无求无为的状态（当然，基本的生存需求还是有的）。你仔细观察婴儿的状态，那种柔和的、唯美的、至柔的样子几乎没有什么人是不喜欢的。孔子在其叙述中对婴儿充满了景仰之情，孟子也曾说过"大人者当不失其赤子之心"，可见赤子是唯美的。老子此处引用赤子，概指其精神状态，是完全符合道的原则的，是一种平和的、无欲无求的无为的状态，婴儿在这种状态下，毒虫猛兽巨鸟都不会伤害他，真的是这样吗？我觉得老子这人说话深刻而不显山露水，他的真实含义不过是你只要通过修炼修身达到了一种无欲无为不妄为的境界，按照事物的本质规律做事做人，你就是积德之人、厚德之人。我们也常说积善之家必有余庆，你就是在为人类造福，当然不会受到外界力量的伤害，所谓的毒虫、猛兽、攫鸟不过是外界力量的形象比喻罢了。

有一例飞机失事的报道令人震惊！说飞机在几千米高空坠毁，机上 65 名乘客全部遇难，唯一活下来的竟然是一名不满一周的婴孩，令人称奇！这是否在说明赤子厚德之态保护了他呢？

之后老子发表了自己的观点。"知和曰常，知常曰明，益生曰祥，心使气曰强。"知道平和柔和的重要性就是了解了事物发展的本质规律，知道懂得事物发展的本质规律的人才是最为明智的人，人生在世，让生命创造价值才是吉祥的、幸运的。这里也在反指一类人，整日浑浑噩噩，沉溺于酒色肉林或娱乐至死的无聊生活之中，不知道生命的宝贵，那就是在浪费生命，没有创造价值的生命就是不祥的！还告诉我们不要逞强，逞强就是违背规律，结局会很不好！

最后的结论是："物壮则老，谓之不道，不道早已。"任何事物如果过于强盛则会走向衰老，因为"反者，道之动"，物极必反，**凡违背事物发展的客观规律的人和事，必定会很快灭亡。**

146

第五十六章　知者不言

【原文】：

知者不言，言者不知。（塞其兑，闭其门，）〔挫其锐，解其纷，和其光，同其尘，〕是谓"玄同"。故不可得而亲，不可得而疏；不可得而利，不可得而害；不可得而贵，不可得而贱。故为天下贵。

【译文】：

真正有智慧的领导人是不轻易发表自己的意见的，夸夸其谈随意发表意见的领导者往往是不明智、没有智慧的人。关闭欲望的阀门，关闭欲念的心门，永远也不显露锋芒，依道而行避免世事的纷繁干扰，在光明之处与光融合，在尘世之处与尘世同融，这样就达到了玄妙齐同的境界。能够达到玄妙齐同境界的人，处理人和事情的时候就会不分亲疏，不计利害，也不分贵贱，也就得到了天下人的尊重，成为尊贵的人。

【感悟】：

这一章老子给我们树立了一个好的"领导人"应有的形象，也就是做事做人都能遵循事物发展本质规律的领导人，应该具备怎样一种良好形象。以及如何才能达到这种境界，成为受人尊重景仰的人。

好的领导人是一种什么形象呢？知者不言，言

者不知。最有智慧的领导人往往是不轻易发表自己的意见，随意妄言的往往就不是一个好的领导人。用一个词形容就是静水流深！和蔼慈祥，没有彻底了解事情的真相之前绝不轻易表态，我们接触过的高明的领导人不都是这样吗！那些夸夸其谈、高谈阔论的领导人其实都是浮浅之人，他们也往往不会有更好的前途，甚至终有一天会遭遇风险，遭遇失败！

如何做到这一点呢？老子给了十八个字，"塞其兑，闭其门，挫其锐，解其纷，和其光，同其尘"。要关闭欲望的阀门，关闭欲念的心门，锉掉锋芒，消除纠纷，含敛光耀，浊同尘世。换句话说，就是不要有过度的私心杂念，做人做事要遵循事物发展的本质规律，不要锋芒毕露，要以和为贵，要和光同尘。不论你和什么样的人打交道，都要以最合适的姿态打成一片。这样做，就达到了"玄同"的境界，就是一个好的领导人应有的姿态形象。

但这也只是形象、表象，往深里探究，具体处事做人的时候，应秉持一种什么态度呢？六点要求："不可得而亲，不可得而疏；不可得而利，不可得而害；不可得而贵，不可得而贱。"就是要不分亲疏，不计利害，不分贵贱，一律按事物的本质规律平等柔和地处理事情，平等地待人，那你就会受到天下人的尊敬，成为尊贵之人。

反观我们的现实世界，常常看到有所谓的成功人士非常喜欢夸夸其谈，高谈阔论；还有的人当了领导，走上领导岗位不能平等待人，以亲疏贵贱而论，一人得道、鸡犬升天的现象比比皆是；更有的领导凡事以利害为出发点，有利则为，无利则止。这些都是不遵循事物发展本质规律的具体表现，这样的人很难得到人们的尊重，反而会受到人们的唾弃。

道家的二号人物庄子讲："以物观之，自贵而相贱；以俗观之，贵贱不在己。"意为：从物的角度来看，都认为自己是珍贵的、宝贵的，其他的东西都比不上自己尊贵。用世俗的观点来看，贵和贱不在于自己，而在于别人的评价，在于外在的标准。"以道观之，物无贵贱"，从道的角度来看，这世间万事万物并没有什么贵贱之分，即公正、平等，无差别、无贵贱之分。

所以本章内容，"道"表现为"玄同"，是一种深远微妙的智者形象，也就是得道的领导人应有的形象。又告诉我们处理事情的具体方法。**任何事情都必须遵循其本质规律，要去除自己的私心杂念，要外圆内方，与时俱进，没有亲疏之别，没有利害之分，没有贵贱之差，只有这样，才能成为令人敬重景仰的领导者。**

第五十七章　以正治国

【原文】：

以正治国，以奇用兵，以无事取天下。吾何以知其然哉？以此：天下多忌讳，而民弥贫；人多利器，国家滋昏；人多伎巧，奇物滋起；法令滋彰，盗贼多有。故圣人云："我无为，而民自化；我好静，而民自正；我无事，而民自富；我无欲，而民自朴。"

【译文】：

以清静无为的正义之道来治理国家，以出其不意的诡秘之道来谋划战争，以不扰民不多事的原则来取得天下。我怎么知道是这样的呢？依据在这里：天下的忌讳太多，老百姓就会贫穷；百姓手里掌握了很多锋利武器，国家就会越来越混乱；人们的心机和智巧多了，奇奇怪怪的邪风异事就越容易发生；法律法规越是森严，触犯法律的盗贼越多。所以，有道的人说：我办什么事都会依据事物发展变化的客观规律来做，不多为，也不妄为，老百姓自然会走上正道；我不扰民不滋事，也不轻易发号施令，人民就会自然而然地富裕起来；我按道的原则依道行事，摒弃一切私欲杂念，民风就会在自然状态下变得淳朴正义。

【感悟】：

老子在这一章义正词严地提出：治理国家必须坚持正道，以正义之举主持公道，做任何事都坚持按照事物的本质规律来做！如果用兵打仗，必须是出奇制胜，因为兵者诡道也！要取得天下，必须坚持不扰民不滋事，让民众在道的化育中成长成熟！这是他的章首，很明确，以正治国，以奇用兵，以无事取天下！不要闹混了！

实际上，管理企业也罢，管理任何一个组织也罢，作为领导人必须主持正义，伸张正义，尽全力使正义抬头，压制邪气，千万不能让歪风邪气占了上风。

如论战争，两国交战，商海伐戮，则要注意一个"奇"字，出奇制胜，出其不意。面对不同的事，采用不同的策略，敌变吾亦变，没有一成不变的。在此论点下，老子还不放心，举出一系列佐证：你看啊，当今社会中，忌讳太多，这也不行，那也不能动，老百姓民不聊生只能受苦受难，越来越贫穷了！在老子那个年代，春秋无义战此起彼伏，各国之间你争我夺，社会充满了压榨剥削，老百姓也是到处反抗起义，所以民多利器，老百姓手中掌握了太多的武器利器，那肯定会导致国家越来越混乱了。现代社会中，像美国，老百姓手中持枪比例逐年增长，掌握了太多的利器，资本集团唯利是图，追逐

垄断利润，其社会日益混乱就会是必然的。老百姓的利益得不到保障，想尽各种办法不过是为了保护自己，奇奇怪怪的歪风邪气之事就会很容易发生，就会动摇统治者的基石。面对这种混乱的社会现象，统治者就会制定各种更加严苛的法律，以显示自己的威严，其结局是法令越多，触犯法律的盗抢之人越多！

这就是不能以正治国，不遵循道的原则，不能坚持按照事物发展变化的本质规律立世做人的结果！

最后，老子又告诉我们该怎么办："我无为，而民自化；我好静，而民自正；我无事，而民自富；我无欲，而民自朴"。

老子在这一章实际上讲了两个十分重要的道理。第一个是不能把打仗的这一套用到治国之上。治国讲究的是堂堂大道，要主持伸张正义，要清静无为，以无事取天下。第二个讲的是站在领导者的角度，必须做到无为、无事、无欲。再强调一下无为的含义，一是不妄为，二是不多为，三是有所为有所不为。做到这几点，一切顺理成章，水到渠成，老百姓就会自化、自正、自富、自朴。这就是一个好的领导者、管理者做好事情的道理所在！

第五十八章　福祸相倚

【原文】：

其政闷闷，其民淳淳；其政察察，其民缺缺。祸兮，福之所倚；福兮，祸之所伏。孰知其极？其无正也。正复为奇，善复为妖。人之迷，其日固久。是以圣人方而不割，廉而不刿，直而不肆，光而不耀。

【译文】：

治理天下者为政宽容，以宽大为怀，老百姓就会忠厚纯朴；治理天下者为政苛察，过于严酷，老百姓就会因得不到君王恩惠而感受到有很多缺陷与不足，变得狡诈多谋，耍心眼，欺上瞒下。灾祸啊，幸福是依靠它而相生的；幸福啊，灾祸其实早已暗藏其中。这种祸福相依得失循环，谁能知道它的道理究竟在哪里呢？我告诉你，并没有一个确定的标准！正忽然转变为邪，善忽然转变为恶。世人都看不懂这个道理，受其迷惑的时间已经太久了。因此，那些有道之人、好的领导者做人做事总是这样的：做人坚持原则又不伤及别人，做事有棱有角，不损害别人利益，与人相处直率豁达但不会放肆，有道有德，温润如玉，光芒内敛，从不炫耀。

【感悟】：

这一章老子先是讲了"无为而治"的好处：治

理国家要以宽大为怀，不要太过于斤斤计较，民风自然会忠厚纯朴。然后又讲了祸福相倚、正奇转换及善恶变化等的概念。老子认为这些矛盾都是对立统一的，任何事物都有其变化发展的内在本质规律，矛盾的对立双方一旦时空条件成熟就会向其相反的方向转化。也因此，我们必须深刻领悟并牢牢掌握这个客观规律，做任何事情都要把握好一个"度"，适度而行，适可而止。

这一章里有两点非常重要！一个是"祸福相依"的道理，一个是树立"光而不耀"的形象。关于第一点，祸福相依，我们在中学课本中学过的一个故事"塞翁失马"，就能很好地说明这个道理。其核心要点就是说任何事情都在发展变化中相互转化，所以看问题要站得高一些，看得远一些，不以物喜，不以己悲。既不要被眼前的胜利蒙蔽双眼，也不要因暂时的失败失去信心。一切淡然处之，心中怀有大道，必定会迎来明媚的春光。关于第二点，光而不耀的形象，作为一个领导人树立这个形象太重要了。怎样做到这一点呢？首先，我们要了解"物极必反，两极相通"的道理。有了这种智慧，我们做事情才能够圆融通达。所以一个有智慧的领导者，为人处事就应该既能坚守原则又不生搬硬套，既有棱角，又有圆融。不要轻易去伤害别人的利益，要懂得顺势而为，在委婉迂回中处理问题。自身的光

芒要懂得收敛内敛，不要老去张扬炫耀，炫富、炫名，或炫自己的能力、知识等，这些都不好，要和光同尘，给人留下一种谦谦君子、温润如玉的形象。这就是作为一个领导人、管理者和别人打交道的过程中非常重要的思想和智慧，值得我们每一位从事管理工作的人认真品味学习。

第五十九章　长生久视

【原文】：

治人事天，莫若啬。夫唯啬，是谓早服；早服，谓之重积德；重积德，则无不克；无不克，则莫知其极；莫知其极，可以有国；有国之母，可以长久。是谓深根固柢、长生久视之道。

【译文】：

管理百姓或者做成功天下的任何事，没有比爱惜自身的精力、懂得节俭节制更为重要的了。只有珍惜精力、懂得节俭节制，才能早做准备，及早认识事物发展变化的本质规律，这就是在不断地厚积其德。厚积其德就没有不能克服的困难，就可以胜任任何事情。如果能达到没有不能胜任的事这样的水平，那么就无法估计他的力量。无法估计其发展的力量，就可以担当起治理国家的重任了。掌握了治理国家的根本道理，国家就可以长治久安。这就是把根扎深扎牢固，实现国家可持续发展的道理。

【感悟】：

老子这一章的核心内容就是一个字"啬"，把这个字用好，就可以"治人事天"。那么这个"啬"字，是什么意思呢？

啬，这个字很有意思。《韩非子•解老》里说"少费之谓啬"，意思是少浪费就叫"啬"。可见

其本来是个褒义词，但到后来就从相反的方向引申为"吝啬"。其义为：过分爱惜钱财，当用而不用，小气。彻底变成一个贬义词了。《辞海》中解释：啬，通"穑"。指农事。后引申为十分爱惜、节省，由于过分的节省、爱惜又引申为小气、吝啬，所以一个字的含义也会随着时代的变迁而有所改变。但其本义不变，涉及粮食的问题。而我们中国早就有"民以食为天""兵马未动，粮草先行"的说法。可见粮食在人民心中有着十分重要的地位。中国人有一个十分优秀的文化传统，就是勤俭持家，勤俭治国，所以，"啬"字我们可以归集为珍惜、爱惜、节俭、节制这几个意思，你懂得"啬"的含义，就可以治人事天了！治人，就是管理百姓；事天，就是依天道做事，办理天下之事。"治人事天，莫若啬"，管理百姓、办理天下之事，没有比珍惜自身精力，懂得节俭、节制更重要的了。为什么"啬"这么重要呢？因为只有懂得珍惜自身，节俭、节制，办事情才能早做准备。老子在此说"早服"，可以理解为"及早服从"，早做计划，简单理解就是及早服从道的要求做好计划，提前认清掌握事物发展变化的本质规律，依道而行，就是不断地"积德"。《道德经》说的就是这样，按道去做，就是有德，不断地按照道去做，就是不断地积德。按此继续引申，"重积德，则无不克"，按照珍惜自身精力、生活节俭、行为节制，提前做好准备、做好计划，已经对事物发展变化的本质规律有了深刻认识，按这种方式做事，就不会有什么困难克服不了，不会有什么事情办不成。而且在这样的过程中，既磨炼了人的思想品德（保持节俭），又练就了人的意志（保持节制），面对任何困难都无所畏惧，总是"早服"，早做计划，善于寻找问题的根源，从而获得最为科学合理的解决办法。这样做，还有办不成的事情吗？

老子一步步讲来，既讲人的精神历练，又讲一个国家民风民俗的锻就，都围绕一个"啬"字展开，做人要珍惜、生活要节俭、行为要节制，这就是一个国家、一个组织的长久生存之道，把根扎深扎牢的可持续发展之道。

老子的这一思想智慧，完全符合当今社会提倡的生产生活简约风尚。习近平总书记倡导制定的"八项规定""反四风"，都有其深刻的社会哲理。毛主席曾说：贪污和浪费是极大的犯罪。他领导全党全军全国人民培养出一种节俭节制之良好社会风气，才克服了无数艰难险阻，领导中华人民共和国屹立于世界。现如今，习近平总书记提倡节俭生活、八项规定，领导全国人民反"四风"，造就了激浊扬清、风清气正之社会风尚，领导我们走上了可持续发展的富强之路。

158

把"嗇"字的智慧应用到企业管理之中，更是意义深远。现在国家正在倡导建立资源节约型、环境友好型企业，倡导建立"绿色工厂"，开展质量管理体系认证、环境管理体系认证、安全和职业健康体系认证，开展信息化认证、社会责任体系认证，以及正在如火如荼、轰轰烈烈发展的大数据、云计算等，无不是珍惜资源、节制节俭思想的延伸，这个"嗇"字，太值得我们深思了！

第六十章　治国烹鲜

【原文】：

治大国，若烹小鲜。以道莅天下，其鬼不神。非其鬼不神，其神不伤人；非其神不伤人，圣人亦不伤人。夫两不相伤，故德交归焉。

【译文】：

治理大国，要像烹调小鱼那样，掌握好火候，还不能时常翻动导致小鱼煎碎。运用道的原则，按照事物发展变化的本质规律来治理天下，那些妖魔鬼怪也就不会有什么神秘莫测的力量了。不仅妖魔鬼怪不起什么作用，那些神秘莫测的力量也伤害不了得道之人。不仅是神伤害不了人，那些得道之人也好像无所作为似的，从不侵犯伤害百姓利益，一切的成功都是自然而然的。这样，鬼神和得道之圣人都不会侵犯伤害人民的利益，有道之德就会不断地积累交会，形成有道有德的至高境界，天下百姓就相安无事，能够安居乐业幸福持久了。

【感悟】：

这一章里，有一个名句："**治大国，若烹小鲜**"，我们大家都很熟悉，有人理解为治理大国，就像烹调小鱼一样简单，这是不对的。老子在此讲治大国若烹小鲜，其意为：治理大国要像烹调小鱼那样既要掌握好火候，要有耐心，还不能老是翻动，

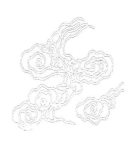

也就是不要折腾，要有稳定性，要掌握时机，否则，小鱼就成碎片了。汉朝有位先生对此的解释较为精辟，叫"烹鱼烦则碎，治民烦则乱"。治理国家最讲究政策的稳定性，你今天一个制度，明天一个法令，朝令夕改，老百姓不知道究竟该怎么办，几番折腾下来，国家不乱才怪呢。所以，治大国若烹小鲜的核心要义是治理国家要小心谨慎，有耐心，还要掌握火候时机。管理企业也是如此，直接修改为管理企业若烹小鲜，也完全可以，其基本道理都是一样的。

总的来说，这一章讲的是以"道"治理天下能够达到的境界。也就是按照事物发展变化的本质规律来治理天下、管理国家能够达到一个什么样的境界。天地间有阴有阳，掌握阳气的可称为神，掌管阴气的可称为鬼。圣人依道而行，一切按照事物的本质规律、法则治理天下，使阴阳交融成一团和气，不但神鬼不能发挥作用，就连圣人也好像回归自然，纯朴敦厚、无所作为——这就是"道莅天下"的境界。

在前面五十八章，老子讲了以道治国的好处，上一章讲了以道治国的方法，本章又讲以道治国能达到一种什么境界，所以，老子确实可以说苦口婆心发自肺腑地告诫从事领导、管理工作的人，不管是士，还是侯、王，一定要依道而行，按照事物发展的客观规律做人办事，不妄为，不多为，有所为，有所不为，最后才是无所不为，其最终的目标在本章讲出来了，两不相伤，德交归焉！人民安居乐业，幸福生活。应该说这是天下所有统治者的最高理想了！不过是有的可以达到，有的没有达到，或者说有的在一个时期的发展过程中达到了，在另一个时期没有达到，究其根本原因，只在于是否遵循事物发展变化的本质规律并坚定不移地依道而行。

第六十一章　各得其所

【原文】：

　　大邦者下流，天下之牝，天下之交也。牝常以静胜牡，以静为下。故大邦以下小邦，则取小邦；小邦以下大邦，则取大邦。故或下以取，或下而取。大邦不过欲兼畜人，小邦不过欲入事人，夫两者各得所欲。大者宜为下。

【译文】：

　　大国要善于处下，像江海那样安于处在卑微低下的地方。处于百川交汇之地，处于天下最雌柔的位置。雌柔常常以宁静安定战胜雄强，就是因为它能以静制动又尚于居下位。所以啊，大国如果能以谦逊卑下的姿态对待小国，必能得到小国的支持；小国如果能对大国谦虚卑下，则必能得到大国的支持庇护。因此，不管是大国用谦逊卑下取得小国的支持，还是小国用谦逊卑下取得大国的庇护，大国不过是要聚集更多的人支持它，小国也无非就是想得到大国的帮助。这样，不管是大国还是小国，都能实现自己的愿望，达到各得其所，各取所需，尤其是大国，越是要懂得善于处下的交往方式。

【感悟】：

　　这一章是老子的外交思想，核心内容是善于处下。大国要善于谦卑对待小国，小国也要谦卑对待大国。只有谦卑，才能赢得对方尊重，获得对方支持，这与我国奉行的外交方式"和平共处五项原则"十分相似。我国作为一个大国，从来都是尊重别国的，从不去干涉别国内政。各国人民都有选择自主的权利。反观有的国家则不是这样，总是仗着自己经济军事实力的强大，到处颐指气使，充当世界警察，强力输出自己的所谓民主自由价值观，其幕后实质是资本的残酷无情，遭到了各国人民的普遍反对，其内部也是撕裂严重，驴象之争的各种丑剧轮番上演，这就是不懂得"善于处下"尊重别国的下场。

在现实生活中，善于处下作为一条人际关系交往的基本原则也十分重要。只有善于处下，才能赢得尊重，在相互尊重的氛围中我们办事情才能圆润圆满。大多数的老百姓基本都能做到这一点，毕竟我们中华文明传承了几千年，受优秀传统文化长期熏陶，基本的待人接物优良传统都有体现，但有两种情况可以改变人的特性。一是升官之后，二是发财之后。可以说是权位和财富改变了人性，也可以说是权位和财富暴露了人的本性。我有一位朋友，其为普通干部时，待人和蔼可亲，循循善诱，工作也是有思路、有办法，完全可以评价其为好人、好干部。某一日升为副处，人变了，眼睛朝上看，对不如他官位高的人看都不看一眼，走到哪里都是居

高临下。我心想，此人官职到头了。果不其然，没过多久，遭人举报，受到查处，最终锒铛入狱。还有的人，艰苦奋斗时和蔼可亲，见人就笑，一旦获得巨额财富，简直就判若两人，趾高气扬，还脾气暴躁，这种人肯定是财富也到头了，其掠取的财富能守住就不错了，再无发展壮大之可能！所以善于处下不仅是国之外交所必备，我们普通人做人做事也该切记，切记！

第六十二章　万物之奥

【原文】：

　　道者，万物之奥。善人之宝，不善人之所保。美言可以市尊，美行可以加人。人之不善，何弃之有？故立天子，置三公，虽有拱璧以先驷马，不如坐进此道。古之所以贵此道者何？不曰：求以得，有罪以免邪？故为天下贵。

【译文】：

　　道是庇护万物的。被得道之善人奉为宝贝，也为尚未得道之人提供保障。美好动听的语言可以获得别人的尊重，高尚良好的行为可以增加人的尊贵。那些不善之人，道也不会抛弃他们。所以，古时候天子即位、设置三公举行献礼仪式的时候，虽然前面有人捧着玉璧引导，后面有驷马豪车跟随，声势浩浩荡荡，但不如把这珍贵的道献给他们。自古以来为什么对"道"如此重视呢？不就是因为按道而行就可以得到一切，犯了错也不被道所抛弃而能得到道的庇护包容吗？因此，天下人才如此珍视重视道。

【感悟】：

　　这一章在讲道的包容性和重要性。说道是万物之奥，对万事万物都有庇护作用，被得道的好人奉为至宝，被尚未得道的人尊为保护的屏障；对那些

不好的人犯了错误的人也不会抛弃。这就告诉我们一切依道而行是多么的重要！

所谓的"道"，就是万事万物运行发展变化的客观规律。掌握运用事物发展的客观规律，是一个不断探求的过程，并无终极目标。而一旦掌握了某一事物运行的本质规律并应用至实践之中，就必定能事业成功，所以，道被那些视科学规律为圭臬之人奉为至宝！在探索科学规律的过程中，也往往信心坚定，即使遇到困难问题，也一定不会灰心丧气。当然有的人可能会犯错误，但道的包容不会轻言放弃，只要改正错误，重回正道，也一定会免除其曾经的罪过。正因为这样，道才被世世代代的人视为天下最珍贵的。

老子的这一章在今天仍有很好的借鉴意义。作为管理者特别需要培养这种优秀的品质。这也是教育职工必须具备的条件。高贵的人具备谦和的道德品质，对周围的人不分好坏一视同仁，但是一般人很难做到这一点。事实上恰恰相反，常常会因某人曾经有过劣迹而鄙视他，抛弃他，这就不对！大道的本质不是这样，大道对任何人都是仁慈的，对优秀的人要珍视支持，给他各种美誉财富，对犯了错误的人更应该用道保护他，感化他，让他也走上正道大道，这样就做到共同进步提高了。

特别是在企业管理中，我们更应该学习这种大道精神，**用包容的精神对待属下员工**。当员工能积极向上努力工作时，我们要给他赞美；当员工业绩不佳时，我们要给予指导，用道的精神鼓励他，鼓励他应用科学的态度站得更高、看得更远，不断突破固有的思维去获得更好的业绩；当员工犯了错误的时候，我们也绝不可以轻言放弃，而要用大道的思维去教育感化他，让他重回正道大道。当更多的员工能够按照事物发展的本质规律做事做人的时候，我们的企业必定会更快地走向成功。

第六十三章　为大于细

【原文】：

　　为无为，事无事，味无味。大小多少。（报怨以德。）图难于其易，为大于其细。天下难事，必作于易；天下大事，必作于细。是以圣人终不为大，故能成其大。夫轻诺必寡信，多易必多难。是以圣人犹难之，故终无难矣。

【译文】：

　　以无为的态度去有所作为，以自然而然、不搅事也不多事的方法去处理事情，把恬淡无味当作最有滋味，把小事看做大事来做，积少才能成多。要用高尚的品德对待别人的抱怨。谋划处理困难的事情要从容易的地方入手，想要做成大事必须先从小事做起。做天下所有的难事都是从容易的做起，做大事者须从小事做起。因此，有道的人、那些高明的领导人从不自以为大，从不夸夸其谈，不说那些空话大话，最后才能做成大事。没有把握的事情不要轻易许诺别人，否则，就会失去人们的信任，把事情看得简单容易反而会遭遇到更多的困难。所以，有道的人、那些高明的领导人遇到事情总是把它看得很难，想得很周全，这样反而没有什么困难了。

【感悟】：

　　老子的这一章简直是世界上所有做事情、做决策、从事领导管理工作的人，都必须要读且必须理解明白的论断，这是两千六百年前的智慧啊！

这一段很好懂，只要认真读上三遍，保证全部能懂。其核心内容是继续阐释其"无为而无不为"的思想。世间所有的事情都是从小到大、从易到难发展起来的。高明的领导者明白了这一道理，所以做什么都是依道而行，一切按照事物的本质规律去做，从来都不会强加个人主观意志。因为深刻认识到小可以变成大，少可以累积为多，所以，当事情出现问题还在萌芽状态时就已经把它化解掉了。从表面上看高明的领导人都是在做小事、细事、易事，一派风平浪静、柔和虚无的样子，但到最后的结果都是做成了大事、难事，一切都是水到渠成，自然而然。这里边蕴藏的哲学智慧就是量变到质变的道理，马列哲学中对此有十分清楚的论述。我们所熟悉的成语：防微杜渐，不积跬步、无以至千里，冰冻三尺、非一日之寒，千里之堤、溃于蚁穴，等等，无不是体现了量变到质变的至理名言。所以，我们把老子反反复复讲解的"道"，理解成事物发展变化的本质规律，无疑是十分正确的。只有道，只有本质规律是亘古不变的，现在如此，两千年前也是如此。能懂得这个道理的人，都是智慧高人。

这里有一个比较难以理解的词，就是"以德报怨"，与孔子倡导的"以直抱怨"有所区别。孔孟

的儒家思想启蒙对象是普通人，是大众，所以要以直抱怨，你对我好，我就对你好，反之，你对我不好，我也不会对你好，我们普通人都是这样，这叫以直报怨。老子不是这样，他是以德报怨，他的倾诉对象是从事管理工作的人，所以，你的属下、职工不管怎么报怨，你都得包容、接纳，都得以清静无为，不妄为，不多为，有所不为的姿态，以"道"的要求去处理相关的人和事，依道而行结果就是德，必须以德报怨，这才是一个有道明君，一个高明的充满智慧的领导人应该有的样子！所以，以德报怨比以直报怨高了一个层次，是更高的要求，是从事管理工作者必须培养形成的素质条件之一。

第六十四章　慎终如始

【原文】：

其安易持，其未兆易谋；其脆易泮，其微易散。为之于未有，治之于未乱。合抱之木，生于毫末；九层之台，起于累土；千里之行，始于足下。（为者败之，执者失之。是以圣人无为，故无败；无执，故无失。）民之从事，常于几成而败之。慎终如始，则无败事。（是以圣人欲不欲，不贵难得之货；学不学，复众人之所过。以辅万物之自然，而不敢为。）

【译文】：

当局面比较稳定的时候容易掌控，当事情还没有出现征兆的时候容易通过事前谋划而消除它。脆弱的东西容易把它分开，细小的东西容易把它消散。在事情还没有发生的时候就要有所作为，处理事情要在祸乱还没有发生之前就做好周全准备。能合抱的大树，也是由细微的萌芽一点一点长大的；九层的高台，也是由一层一层的泥土累积起来的；千里的远行，是从脚下举步开始的。主观妄为、强行为之的终究会招致失败；执意要掌控一切的终究会失去一切。因此得道的圣人从来不强为、不妄为，也就没有失败的事，不固执、不强行，也就不会遭受损失。普通人做事情，常常在事情快要成功的时候

惨遭失败。所以，想要做成功事情，就必须在事情快要完成的时候也像刚开始的时候那样谨慎、慎重，认真对待，才不会有失败之事。因此，得道之人、那些高明的领导人总是追求普通人不愿追求的，学习普通人不愿学习的东西，也不把难得的财富当成珍贵的东西，而是经常复盘别人的过错并引以为鉴。这样就是完全按照道的原则，依道而行，自然而然地去立世做人做事，从来不妄为，不敢多为，也不敢强为。

【感悟】：

这一章老子给我们透露了一个惊天秘密！天下人都想成功，这一章的内容就是做事务求成功的秘笈，我想起阎锡山有一句名言：**做事务求成功，否则无异于劳民伤财。**这是做事务求成功的重要性，而老子在两千多年前就教会了我们做事情的方法，怎么做呢？

首先是一个概论："其安易持，其未兆易谋；其脆易泮，其微易散。"说谋划的事情，当局面还比较稳定的时候容易掌控，还未出现征兆的时候容易策划周全，脆弱的东西容易分开，微小的东西容易解散。

注意什么问题呢？注意要为之于未有，治之于未乱。当事情还没有开始的时候就要有所作为，当问题还没有混乱的时候就要处理好它。具体怎么做呢？首先，要开始行动。正如有的人说，**再好的策划没有行动等于零**。老子告诉我们："合抱之木，生于毫末；九层之台，起于累土；千里之行，始于足下。"任何发展壮大的事情都是从细小之地开始的，积小成大，积少成多。荀子也曾说，不积跬步，无以至千里。所以，必须行动，行动大于一切。在行动中注意什么呢？老子也告诉我们："为者败之，执者失之。"强为、妄为，也就是强行按照自己的主观意志做事，不遵循事物发展的客观规律，那就一定会失败，固执己见要按自己的主观意志去控制事物的发展变化，那也一定会遭受损失。

下面，老子举了两个例证，一个是圣人怎么做，一个是普通老百姓怎么做。得道的圣人就是高明的领导人，做事"无为，故无败；无执，故无失"，从来不妄为，不多为，有所不为，一切按照事物发展的本质规律去做，所以没有失败的事情；从来不把个人的主观意志强加于事物发展变化的本质规律，从不固执己见，执着地去控制事物，所以也不会遭受损失。普通人怎么做呢？"常于几成而败之"，常常在事情快要做成功的时候失败了，功亏一篑！为什么呢？因为不能做到"慎终如始"，事情刚开始的时候做得很好，做着做着就松懈下来了，不能坚定地依道而行，可能是意志不坚定，想走捷径，也可能是经受不了诱惑，走向旁路了，所以失败了！

习近平总书记常常教导我们：不忘初心，牢记使命。其实这句话也反映了"慎终如始"的道理。共产党当初成立的时候，就是以人民为中心，永远为人民谋福祉。这个初心被很多人遗忘了，走向旁路，失去了使命感，才有了总书记这个谆谆教导啊！老子在两千六百年前也给我们这个警告，可见慎终如始，也是一件难事，做到它不容易。

最后，老子告诉我们圣人是怎么做的，立起了榜样，"欲不欲，不贵难得之货；学不学，复众人之所过"。好像有点不好理解。别忘了，老子讲道的时候对面坐的是三种人：士、侯、王，是一个比一个级别高的领导人，所以道都是对领导人讲的。当一个好的领导人，就应该是这样的。普通人都是图谋当前利益，你作为领导人不能这样啊！你得追求长远利益！普通人都在追逐利益，你作为领导人更要去追求精神财富、团队文化等这些精神范畴的东西，远比物质财富对企业或对组织的成长具有更为重要、更为深远的意义价值！普通人只是学习一些简单的东西，满足个人需要即可，你作为领导人更应学习那些普通人不愿学习的东西，比如经验教训、文化建设、价值观塑造、精神风貌的培育或形成等，以及更多具有前瞻性的东西，比如市场开拓、新产品开发、新技术的引进和消化吸收再创新等，这才是一个好的领导！一切按照事物发展的本质规律做事做人，做事要周到，做人要厚道，从不敢越雷池半步。既要遵规守矩，还要开拓创新，这就是一个高明的领导人真正智慧高明的地方。

　　总的来说，本章内容就是一部几近完美的"成功学"。其中有两点特别重要，我们尤要时刻牢记：一是：**千里之行，始于足下**；二是：**慎终如始，则无败事！**

第六十五章　善为道者

【原文】：

古之善为道者，非以明民，将以愚之。民之难治，以其智多。故以智治国，国之贼；不以智治国，国之福。知此两者，亦稽式。常知稽式，是谓"玄德"。"玄德"深矣，远矣，与物反矣，然后乃至大顺。

【译文】：

古代那些善于依道行事来治理国家的人，从不教导人们使心眼耍心计，使用智巧伪诈，而是教导人民敦厚淳朴。百姓之所以难以管理，是因为他们使用太多的心机智巧。所以，使用智巧心机伪诈的手段治理国家，那必定是国家的灾难；不以智巧心机伪诈的手段治理国家，那才是国家和人民的幸福。知道这两者的差别，就是治理国家的一个法则。了解这个法则，就是玄妙高深的道德品性，其中蕴含着深远的智慧，就是任何事物都是对立统一的。当时空条件成熟时就会向其相反的方向转化，最后回归到宁静朴实的根本，这样就符合了"道法自然"的本质属性，达到最大的平顺和谐。

【感悟】：

这一章中，老子提出了"以道治国"的主张。核心是教导教化老百姓要保持民风淳朴，一切顺其自然。并从正反两个方面进行论述。善为道者，不教导人们智巧伪诈，而是教化人民保持敦厚纯朴，而如果教化人民使心计耍心眼，设置套路，必定给国家和人民带来无穷无尽的灾祸，这两者之间的差别太大了。作为领导者，要十分明白其中蕴含的高深智慧。老子用"玄德"二字形容，并且说：玄德，深矣，远矣，与物反矣。这与前述走正道走大道一个意思。本章是从反面论述，潜藏的哲学智慧就是否定之否定，以及贯穿整部《道德经》的哲学智慧——反者，道之动。领导者不使用心智技巧套路，而是教化人们保持纯朴的民风，人民也就不会有什么心机智巧了，就会坚定地走在大道正道之上。这不就是反者，道之动吗！当然，做到这一点，领导者必须以身作则，率先垂范，用行动、用真诚帮助打动普通百姓，这样才能达到预期的效果。

治国是这样，治理一个企业也是同样的道理。在企业组织里，也常常因为各种原因总有个别干部职工投机取巧，有时还会贪污公款，占公司的便宜，以公司的名义谋取个人的利益。这时，作为管理者就必须以正义之剑斩断这群乱魔！同时教育干部职工踏实工作，勤奋努力，让真正为公司创造价值的员工得到赞扬得到承认。长此以往，企业的精神风貌就会大为改观，阳光正气就会成为凝结公司员工的强大力量，最后达到老子提出的"乃至大顺"。

所以，老子总结的这一古老智慧，告诉我们这样一个道理：做事情的时候，只有遵循大道，遵循事物发展变化的本质规律，做到朴实无华，用真诚去面对世界，才会实现人生的价值。如果和人耍心眼、使心计、设置套路，人心就会变得伪诈莫测，那就很难管理了。而且，如果一个企业内部阴谋诡计遍布的话，你算计我、我算计他，心智太多，人就会感到心累、困顿、困惑，周围的人际关系一日一日不断恶化，那我们还有什么快乐可言呢！人的本性是逃离痛苦，选择快乐，趋利避害，一旦一个企业内部形成这种氛围，那就距离关门破产不远了。

任何人都不愿生活在一个虚伪的环境里，也没有人愿意和虚伪的人打交道，**真诚才是天下最美好的品德**。如果我们想摆脱虚伪的环境，避免与虚伪的人打交道，那就必须从自身做起。无论环境变得怎么样，我们都应保持心灵的自然纯真状态。在待人接物处理事情的时候，秉持自然淳朴的特性，一切依道而行而做。只有这样，我们才能真正地返璞归真，悠然自得，享受到真正的人生之欢乐。

第六十六章　不争之争

【原文】：

江海所以能为百谷王者，以其善下之，故能为百谷王。是以圣人欲上民，必以言下之；欲先民，必以身后之。是以圣人处上而民不重，处前而民不害，是以天下乐推而不厌。以其不争，故天下莫能与之争。

【译文】：

江海之所以能成为百川河流汇往的地方，是因为江海处于百川河流之下，所以才能成为千百河谷的统领。因此，圣人要想站在上面领导好人民，必须在言语态度上懂得谦逊谦卑；要想站在前面成为人民的表率，必须把自身的利益放在人民的后面。所以，有道的好的领导人虽然位居人民之上，而人民并不会感到负担沉重；站在人民的前面领导大家，而人民并不会受到任何伤害。这样，天下人都非常乐意拥戴他而不会感到厌倦。因为他从不与人争名争利，所以天下就没有人能与他争。

【感悟】：

这一章老子讲作为圣人，也就是好的管理者应掌握的两个方法，做人要"善于处下"，做事要有"不争"之态。之所以这样做，并非为了得到什么好处，而是依道而行自然而然，立世做人都坚持事

180

物发展变化的本质规律，如果刻意地去表现自己随和谦卑、不与人争反而会沦落为虚伪和权谋。所以，领导者的这种素质必须是修为而来，不能是简单模仿，简单地去表现。

作为领导者，你不能让民众感到负担沉重，要把自身的利益放在民众之后，要从自身做起，成为众人的表率示范，要把民众的利益放在心上，不能让他们的利益受到损害。领导做到这样，谁不喜欢呢？所以，大家都非常拥戴他，推举他，因为他不与人民争名争利，那么天下就没有什么力量与他抗衡了。

反过来说，作为领导者，你什么都争，既要争各种荣誉、名誉，也要争各种利益，最后往往会失败得很惨。因为你的位置已经规定了应有的担当、使命和责任，这就是你的任务！你得到的利益全部是分内的，千万不要去争分外的任何利益和虚名。陈毅元帅讲过"手莫伸，伸手必被捉"，非常形象而深刻。但是所谓的"不争"，并不是消极被动地不争名不争利，"不争"是有边界的，不争边界之外的东西，才是正解。这样的话才能"天下乐推而民不厌"，得到天下人的拥戴而从不让人民感到厌倦。

第六十七章　持保三宝

【原文】：

（天下皆谓我："道大，似不肖。"夫唯大，故似不肖。若肖，久矣其细也夫！）我有三宝，持而保之：一曰慈，二曰俭，三曰不敢为天下先。慈，故能勇；俭，故能广；不敢为天下先，故能成器长。今舍慈且勇，舍俭且广，舍后且先，死矣！夫慈，以战则胜，以守则固。天将救之，以慈卫之。

【译文】：

天下的人都和我说，你讲的"道"太广大了，大到什么都不像。但正是因为"道"的广大无垠，所以才不像某一类具体的东西啊！要是像某种具体东西的话，那它就会趋于细小而不是"道"了。这样吧，我的思想可以简单概括到三个方面，就是三件最珍贵的宝物，值得永久保持。第一个是"慈"，第二个是"俭"，第三个是"不敢为天下先"，也就是不敢把自己的利益居于天下人的前面。有了慈母般的情怀，才能真正勇敢；有了节俭之美德，才能长久持续地发展壮大；遇到利益不争先，懂得先人后己，才能成长起来成为大器。

现在的人们抛却了慈母那样的情怀而追求勇敢；舍弃了节俭的美德而去追求持续的发展；遇到利益争先恐后甚至不择手段，一点都不懂谦让恭让而是

182

抢在前面；这是在自寻死路啊！只要拥有慈母般的情怀，自然就可以做到攻无不克，守无不固。如果老天爷要拯救谁的话就一定会用慈母般的情怀来保护它。

【感悟】：

我觉得这一章老子这位老先生是对坐在他对面的领导人发感慨。他说：不是你说听不懂闹不明白，天下的人都这样说。我讲的"道"太大了，太高深玄妙了，不懂啊！我给你说，正因为道是无垠的、高深的，所以你把它比作任何具体的东西都不像，我说它像风，大象无形，你们说不像，我说它像大河，大河泛兮，你们也说不像。如果真的可以把"道"比作某一具体事物的话，那就都是小道了，是对道的曲解。这样吧，我也不讲那么复杂，不用具体形象的东西比喻说明了，我就把道概括为三点，就是"三宝"，你们照着这样做就可以了。于是，引出了本章的重点，老子总结的为道的"三宝"，**第一是：慈；第二是：俭；第三是：不敢为天下先。**

首先，作为领导，你要有慈母般的胸怀情怀，才能有真正的担当和责任。否则，很容易把自己的部下推到前面当作替罪羊。遇到挫折的时候，很容易说这是某个员工的事，是他的责任，责任不在我，不是我的事，员工或下属成了替罪羊。

第二，作为领导一定要有节俭节制的美德，不仅是领导者本人，被领导的下属团队也要培育培养形成节俭节制之风。我们中国人都爱慕虚荣，好面子，好攀比，一旦失去监督或监督不力，是很容易形成奢靡之风、铺张浪费之风的。曾有一段时间，奢靡之风盛行，某县领导招待省级厅官一顿饭耗资十万元，喝酒是两万元一瓶的高档茅台，结果遭人举报，被免职查办。当时报道出来的时候，我就想过，这些人真是太不懂节俭节制的起码道德准则了，拿人民的血汗钱灌肠入肚挥霍无度，只为搞好和上级的关系，简直是无耻至极，遭受查处也是罪有应得！所以，只有培养形成节俭节制的美德，才能成为一名真正的好的领导人，一个家庭没有培养出节俭节制之风，这个家庭就没办法培养造就出优秀的后辈，所以要勤俭持家；一个企业没有培养出节俭节制之风，生产成本没办法控制，产品就会在市场竞争中失去竞争力，处于劣势或者被淘汰出局；往大里说，一个国家的吏制和人民没有培养出节俭节制之风，而是奢靡浪费，"四风"横行，那这个国家也没办法获得可持续的长久发展。

第三，作为领导者，领着员工做事情，要懂得把自己的利益放在后面，要先人后己，不要私欲膨胀，不要什么事情都把自己摆在第一位。老子说，"不敢为天下先，故能成器长"。我觉得，不敢为天下先，故能成"董事长"，这样理解一点没错。

有一点需注意，现在我们经常说：要敢为天下先，与本章的"不敢为天下先"不是矛盾！敢为天下先，说的是做事情要有创新精神，用创新的观念引领推动工作，而"不敢为天下先"则是作为领导者，不能把自身的利益放在前面，而是放在后面，先人后己，这才是真正优秀的领导人。

所以，当一个好领导，务必要做到这三点，第一要有慈母般的情怀，第二要有节俭节制的美德，第三要把自身的利益放在后边，要先人后己。少一样都不行。

第六十八章　不争之德

【原文】：

善为士者，不武；善战者，不怒；善胜敌者，不与；善用人者，为之下。是谓不争之德，是谓用人之力，是谓配天，古之极也。

【译文】：

善于做基层领导的人，从来不会耀武扬威；善于打仗的人，都懂得克制自己不会被敌人激怒；善于战胜敌人的将官，不会和敌人发生正面冲突；善于用人的领导，对待人总是谦卑为下。不武、不怒、不与、为下，这些都是不与人争的智慧品德，可以集中众人的力量办成更大的事情，这叫符合天道，也是古往今来最高的智慧准则。

【感悟】：

这一章中，向老子请教的是一位"士"。所谓"士"，即带领十人做事的人，肯定就是一位基层领导，相当于我们现在的中层干部、班组长之类的。这类人做好领导工作也十分不易，所以，这一章可以称之为**"班组长/中层干部培训课"**。说明一下，本章里有善战、善胜、不武一类的词，不仅仅指战争，而是借战争来说普遍的工作事情，普遍的道理，这是我们中国人的一个传统。比如：环境保护叫打赢蓝天碧水保卫战；吃一顿饭也可说是歼灭战。这是借指说事的一个传统。

基层领导怎么做呢？老子总结了四个词八个字，分别是：**不武、不怒、不与、为下。**

作为基层领导，每天领着大家干活，与职工滚在一起，是最接地气的人。所以，第一要务是：不武！不能耀武扬威，盛气凌人。安排工作时要把事情讲得清清楚楚，什么内容，何时完成，具体有什么要求等，都讲清楚，对员工工作表现也要客观评价，不武断。

第二要务是不怒。善战者不怒，字面意思是善于作战的人，不会被轻易激怒。我们可以拓展一下，把完成工作任务理解为"善战"，把工作困难问题理解为战胜的对象，也就是理解为"敌人"，做任何工作遇到困难问题是难免的，作为基层领导要懂得克制自己，遇到阻力要在迂回曲折中寻找最合适的解决办法，不要动不动就被困难"激怒"，出现暴躁、急躁、狂躁等这样的心理状态，在这种状态之下，智慧基本为零，控制不了自己的情绪，心就成了情绪的奴隶，怎么可能做好工作呢？

第三要务就是"不与"。不与敌人发生正面冲突，要学会在迂回曲折中寻找解决问题战胜敌人的方法。比如，毛主席在井冈山革命根据地反击敌人的围剿战役中，反复强调不打阵地战，而是要打运动战、游击战，在运动中寻找战机，将敌人分割包围，各个击破，因此取得了三次反围剿胜利。

第四要务是"为下"。善为下，是老子《道德经》贯穿始终的领导人品格要求。当领导必须培养具备这样的品格。你老是高高在上，吆五喝六的，没什么人愿意听你的。善于处下方能真正居上。当领导如此，朋友相处也是如此。只有处下方能营造和谐风气，才能"用人之力"，运用别人的力量去办更大的事，你能运用的人数愈多，你的力量就会愈大，这不就是基层领导的晋升之路吗？

最后，老子总结："用人之力，是谓配天，古之极也"，说得太形象了！当领导人，做管理工作，就是要"用人之力"。用别人的力量去办事情，去完成任务，这是"配天，古之极也"。能用的人愈多，力量就愈大，办成的事情就愈多，也就是会取得更大的成绩。这是符合天道的，是古往今来最高的办事准则！

难道不是这样吗？把班组工作做好，就可以升任车间领导，几个车间的历练后，就可以掌控一个部门的工作了。还有潜质的话，就可以升任副总一类的职务了，就会领导更多的人去做更多的事情。所以，不争之德，也是我们取得更大成绩，获得更高职位所必须具备的品德！

第六十九章　哀兵必胜

【原文】：

　　用兵有言："吾不敢为主，而为客；不敢进寸，而退尺。"是谓行无行，攘无臂，扔无敌，执无兵。祸莫大于轻敌，轻敌几丧吾宝。故抗兵相加，哀者胜矣。

【译文】：

　　懂得用兵之道的人曾说：我从来不敢主动发动战争去侵犯别人，而总是在被别人侵犯时不得已才去应战；作战时也不敢盲目冒进哪怕一寸，而总是审时度势后退一尺。因为侵略别国领土，老百姓并没有排列成行的阵势，也没有振臂作怒来还击你，虽然看似没有面对敌人，老百姓手中没有什么兵器参与到战争中来，但实质上到处都是侵略者的敌人啊。这就形成了事实上的轻敌冒进，没有比轻敌更大的祸患了，轻敌几乎让我丧失了道之"三宝"！所以，两军相持时，必定是被同情，被支持，处于正义一方的军队才能获得最终的胜利！

【感悟】：

　　这一章老子讲的是用兵之道。仍然是用战争借指阐述事物发展的本质规律。

　　先说战争及用兵之道。

　　老子是反对战争，热爱和平的。战争是不得已为之的，在无可奈何的情况下用战争保卫和平，保家卫国，所以老子也不怕战争。这一段的用兵之道，我们仔细阅读理解，联系一下20世纪中国的抗日战争，就会更加明白，日本侵略者为什么失败，中国军队为什么取得最后胜利。再回味一遍毛泽东主席在1938年发表的《论持久战》，其提出的抗日战争发展的三个阶段：退却、相持、反攻，完全是《道德经》用兵之道在2600多年后的真实再现，毛主席对《道德经》的理解，完全反映在《论持久战》的战略思想之中，绝不是事后诸葛亮，而是应用《道德经》经典兵家之道的精准预判，被后世称为20世纪最大的阳谋。

日本侵略者进犯中国，完全是自作死，必死无疑！他们进入我国领土，老百姓"行无行，攘无臂，扔无敌，执无兵"，并不是老百姓不反抗，老百姓用自己的方式反抗，愤怒、不配合、不执行、坚壁清野等都是抗争的方式啊。在此没有提军队哪儿去了，军队在积蓄力量，在瞅准时机；等到日本侵略者占领大半中国分散消耗了大量军力物力的时候，战争进入相持阶段；在中国军队国共合作，开始反击的时候，两军交战，哀者胜矣。中国军队和人民是反抗侵略者，是保家卫国，站在正义一方，自然获得国内国际各种力量的支持，最后的胜利就是必然的！

所以，中国军队和人民反抗日本侵略者最终获得胜利，全部验证了本章核心结论：哀者胜矣！这个哀，不是悲哀，是同情心、慈悲为怀的意思，是道家倡导的"无为"，不妄为、不多为、有所不为，是正义之举，正道之道，而正义是不可战胜的！

我们再沿着老子的用兵之道拓展一下。在企业市场开拓中有很多企业家形容商场如战场一样残酷无情，概括为"红海"，全是血，非常残酷。但这里也有"道"，可以说是商海之道，竞争再激烈，也必须是依道而行。具体讲就是遵纪守法，一切遵循其内在本质规律，坚守"三宝"，方能克敌制胜。绝不可轻敌，轻敌祸莫大焉！战略上可以藐视敌人，战术上必须重视敌人。必须坚持正义，坚守正道，方可根深蒂固，长生久视，才可以在获得一定的积蓄力量后进入蓝海，走上可持续发展的长青之路。

第七十章　被褐怀玉

【原文】:

　　吾言甚易知，甚易行。天下莫能知，莫能行。言有宗，事有君。夫唯无知，是以不我知。知我者希，则我者贵。是以圣人被褐而怀玉。

【译文】:

　　我所说的话很容易被人理解，也很容易去执行。然而天下的人却没有人懂我的话，也没有人照着执行。说话要有宗有旨，做事情得有根有据。正是因为人们不懂得这个道理，所以大家并不能真正理解我。能懂我、理解我的人很少，能按我说的道理去执行的人就更难得了。所以，真正得道的人都是外表朴实无华，穿着粗布衣裳而内心很美的一类人。

【感悟】:

　　这一章老子是大发感慨啊！我说的话很容易懂，我讲的道理也很容易去执行，可是天下的人就是不听我说的话，也不按我讲的道理去执行，说话做事要有宗有旨，有根有据，可天下的人并不懂这个道理，所以懂我的人很少，能按我说的道理去做的人就更是难得了。这是老子通过大发感慨纾解自己内心的抑郁和苦闷。老子为什么这样说呢？

　　老子所处的那个时代，相去甚远，大约 2600 年前吧，其社会风气肯定与现今大有不同。当时人们

普遍追求眼前利益，社会也比较动荡不安，大多数人利欲熏心，被欲望遮蔽了双眼，所以世人除了努力满足自己的欲望之外，别无他求。而老子主张的无为思想强调的是控制欲望排斥妄为，自然与此格格不入。在一般人看来，老子追求的"无为"境界并没有实际意义，带不来什么实际利益，反而是虚无缥缈，过于抽象和高深，也就根本无法理解。而老子自己呢？又认为自己讲的道理很简单，很容易理解，但不被社会认可理解，所以，老子的内心非常苦闷，专门辟出一章以纾解自己的内心世界。

老子讲："言有宗，事有君"，这是个普遍的道理。意思就是说话做事都要有宗有旨，有根有据，反过来说就是不要说些没有宗旨没有主导思想的话，也不要办那些无根无据的事情。再简言之，就是不要胡说八道，信口开河，也不可妄为，臆造。一切都须依道而行，按照事物发展变化的本质规律做事做人。在感慨中继续宣扬自己的主张，还是希望人们依道行事，做个得道的圣人，成为一个好的领导人，好的管理者。

那么，好的领导人、管理者是什么形象呢？老子又推出一个新词：**被褐而怀玉**。被，通披，就是穿着粗布衣裳，外表敦厚，朴实无华。怀玉，怀里揣着一块美玉。在平凡的外表之下，却掩盖不了得道圣人——好的领导人的一颗冰清玉洁之心，老子称为怀玉。玉器当然是珍贵的器物，黄金有价玉无价，老子在此喻指美好的品质，亦即好的领导人纯洁的内心和不与世俗同流合污的高贵品质。这就是在告诉我们：真正的美丽是心灵的美丽，而绝非外表的华美，老子的时代虽然和现代社会有诸多不同，但人们满足自己的欲望的要求是相同的。老子主张克服自身的欲望，不要在意外表的华丽，只追求达到内心的完美，也就是内心的修为修炼要符合大道的本质要求，这一思想在当今社会尤为适用，具有十分重要的现实意义。

第七十一章　知不知矣

【原文】：

知不知，尚矣；不知知，病也。圣人不病，以其病病。夫唯病病，是以不病。

【译文】：

知道自己不知道，这是最好的，是有智慧的；不知道却自以为知道，不懂装懂，这是糟糕的，是思想上出了问题，是一种毛病。只有把缺点当作缺点，认清自己，学习改进，才能不断提高，最终没有缺点。得道的圣人没有什么缺点，一切自然而为，也是因为他把缺点当缺点，所以才没有什么缺点啊！

【感悟】：

这一章老子在给我们以绕口令的方式，讲解了一个非常富有智慧和思想的论点。反复读上两遍，朗朗上口，非常有趣，妙趣横生。

"不知知，病也。"不知道却自以为知道，不懂装懂，这是一种病！这就是人性的弱点。其表现就是刚愎自用，自以为是，结果就是判断失误，决策错误，遭受各种损失。观察一下身边的人，有很多人经常会说：我以为是……，我估计是……，我听人说……就怎么了，这些话其实都是为失败找借口找理由的，都可以理解为是思想上出了问题，是一种病态，如果自以为是酿成大错，那就是弱智无疑了。

老子在前面三十三章讲过："知人者智，自知者明。胜人者有力，自胜者强。"能够了解别人是智慧的，能够认清自己是高明的，战胜别人是有力的，能够克服自身缺点才是刚强的。所以，只有真正做到认清自己，才不会固执己见，才不会自以为是，才不会因此犯下错误。

怎么样做才能克服战胜这种病态呢？"夫唯病病，是以不病"，只有把自己的缺点当成缺点对待，才能不断地在克服改进中提高，最后达到没有什么缺点。老子还是沿袭前面很多章节中惯用的手法，为我们树立一个榜样。就是圣人是怎么做的，我们学习榜样就可以。那些得道之人，高明的领导人，一切按照事物发展变化的本质规律立世做人，一切依道而行，自然无为，很清楚地认识到自身有什么不足和短板，所以不断学习进步，有什么缺点、不足也一步一步地克服了，品德日臻完美，到最后就没什么缺点了。也就成为我们普通人学习的楷模，成为一个很好的领导人了。

那么，这一章对我们有什么借鉴意义呢？我觉得主要是在处理人际关系、构建和谐人际关系中的作用最大。知道自己不知道，是聪明的，不懂装懂是病态的。孔子也曾讲过："知之为知之，不知为不知，是知也"，两位智者都有类似的表述，可见能够克服自以为是的缺点多么重要。

自以为是，刚愎自用，往往就是狂妄之徒，狂妄的人常常在无意中伤害他人的自尊心。我们见过很多人，论才华可谓非凡，但就是难以施展，其根本原因就是太狂妄，骄傲自大，自以为是。在这个社会上，没有多少人乐意信任一个言过其实、自以为是的人，更没有多少人会帮助一个出言不逊，甚至口出狂言的人。

自以为是、刚愎自用之人，多是无礼之人，孤立之人，而孤立之人，多是最终失败之人。大凡具有将帅风度之人，往往品德高尚，润物无声，而刚愎之人，其骨子里总有一股小家子气，让人生厌。所以刚愎自用之人，必定骄傲自大，狂妄自大，目无旁人，对这种人实在无须与之理论，时间自会证明他的价值，事实自会处罚他的无知。

所以，无论我们是做人还是做事，都应信守坚持"**虚心使人进步，骄傲使人落后**"的原则，坦坦荡荡，正大光明，**明明白白做人，踏踏实实做事，**才是上上之策。

只有这样，才能赢得同事及下属的尊敬，才能获得上级领导的爱戴和关怀，营造最为和谐美好的人际关系，而**构建和谐美好的人际关系正是人生幸福最重要的宗旨。**

第七十二章 自知自爱

【原文】：

　　民不畏威，则大威至。无狎其所居，无厌其所生。夫唯不厌，是以不厌。是以圣人自知不自见，自爱不自贵。故去彼取此。

【译文】：

　　老百姓不畏惧统治者的威严时，那么可怕的动乱就要到来了。不要压迫人民使他们居无定所，不要压榨人民使他们无以生计。只有不压迫人民，人民才不会厌恶统治者。因此，得道的圣人、那些高明的领导人都是不但有自知之明，而且从不表现自我有多么伟大；很有自爱之心，珍惜自己的身体，而且从不主动彰显自己有多么高贵。所以，要舍弃自见自贵而只保持自知自爱。

【感悟】：

　　这一章的核心内容是"自知不自见，自爱不自贵"，一个好的领导者应该了解自己，认识自我，珍惜自己的生命，但不要夸耀自己或者认为自己有多么高贵。

　　本章依然是三段论结构。第一段讲道理，第二段讲圣人是怎么做的，第三段是结论。

　　第一段，"民不畏威，则大威至。无狎其所居，无厌其所生。夫唯不厌（yà），是以不厌（yàn）。"

老百姓不害怕统治者的权威时，那么可怕的祸乱就到来了，两个威字，第一个是指统治者的权威，第二个是指统治者受到的威胁。如果统治者不注意自己的言行，表现出骄奢淫逸，施行压榨人民的高压政策时，就会诱导普通老百姓滋生各种欲望，使尽各种手段计谋去追逐利益，只要利益足够大，即使冒着违反法律杀人越货的危险也都在所不辞，那老百姓不惧怕统治者的权威就是再自然不过的事了，最终导致其统治地位受到威胁，这是必然的！老子在此喝令："无狎其所居，无厌其所生。"不要逼迫老百姓使他们居无定所，不要剥削压榨人民使他们无以生计！"夫唯不厌，是以不厌。"只有不压迫人民，人民才不会厌恶统治者。哪里有压迫，哪里就会有反抗，这是唯物辩证法告给我们的必然结果，也是一切革命运动发生的根本原因。

第二段，"是以圣人自知不自见，自爱不自贵。"圣人就是这样做的，有自知之明，但不会自我表现，有自爱之心，但不会主动彰显自己有多么高贵。这里的自知应理解为对自己的良心和良知的认同，与王阳明的心学中"知行合一""格物致知"道理一样，意思是人的认识和行为要一致，不可口是心非，观察事物要细致入微，用心揣摩感悟，从而在事物的发展变化中得出道理和认识，要穷究事物的本质原理，不要只看表面，不问实质，这才是真正的知识。"自见"是指以个人利益为出发点形成的见解和观念，从而彰显自我，认为自己有多么了不起，事实上就是心中只有自己而没有他人，是极端自私自利的表现。"自爱"是自知的结果，只有自知，才能做到自爱，是对自己的良心、良知的认同和热爱。如果一个人只爱自己不爱他人，说话做事从来不考虑他人的感受，那么他就不是真正的自爱者，只有做到爱己及人才是真正的自爱。"自贵"，认为自己很高贵，很有价值，从而忽略或否定了他人的价值存在。老子认为：好的领导人，那些高明的充满智慧的领导人都有自知之明，从来不会自以为是，他们不仅爱自己，也爱自己的下属百姓。如果统治者身居高位，高高在上，目中无人，心中只有他自己，从而时常炫耀自己，抬高自己，贬低他人，那他就必定会骄横狂妄，恣意妄为，最终堕落成为压迫压榨百姓的暴君，被人民所推翻。

第三段是结论："故去彼取此。"告诫统治者要做出取舍，取什么？舍什么？答案不言而喻，要取得前者，自知、自爱；舍弃后者，自见、自贵。

"自知不自见，自爱不自贵"，应该成为我们领导干部的行为准则。在现实生活中，我们经常会遇到这样的人，没有自知之明，认不清自己，刚刚取得一点成绩就沾沾自喜，夸夸其谈。总认为自己很了不起，很高贵，别人都得仰视他。经常和同事

下属抢功劳。如果不能加以改进，长此以往的话，必定骄傲狂妄，藐视一切道德法律去追逐边界之外的利益，那他离失败就不远了。人民会推翻他，自然规律的发展变化也会淘汰他。对这种人，我们必须远离他，抛弃他，让他受到应有的惩罚。

第七十三章　天网恢恢

【原文】：

　　勇于敢则杀，勇于不敢则活。此两者，或利或害。天之所恶，孰知其故？（是以圣人犹难之。）天之道，不争而善胜，不言而善应，不召而自来，绰然而善谋。天网恢恢，疏而不失。

【译文】：

　　勇于表现坚强、敢于不遵天道的人就会遭到杀害，勇于表现柔弱、不敢越界的人就会保全性命。"敢"与"不敢"这两种行为有的获利、有的遭害，天道厌恶一方，谁知道这是什么缘故呢？所以，得道的圣人也难以说明白。自然的规律是：不斗争而善于取得胜利，不发号施令却能得到百姓的响应，不去强行征召大家都能自动到来，坦荡从容却于无形中谋划安排好一切事情，天网虽然稀疏不是十分严密，但从来不会有一点遗漏。

【感悟】：

　　老子这个人思维非常缜密细致，他把勇敢这个词分成两个意思：勇于敢、勇于不敢，为我们讲述了一个十分严肃的法律问题，最后的结论是我们耳熟能详的一个词：天网恢恢，疏而不漏。

　　什么叫勇敢？就是我们老百姓指责那些胆大妄为的人时常说的：你这人怎么回事？什么事你也敢

做！其实就是指某些私欲膨胀、狂妄自大、自以为是、刚愎自用之人，敢于突破法律、道德、制度的约束边界去做一些坏事。这种人的结局是：勇于敢则杀，必定会遭受杀害！

什么叫勇于不敢？就是那些遵纪守法，一切能按照事物发展变化的本质规律立世做人的智慧之人，不敢为天下先，不敢先别人得到利益；不敢贪腐越雷池半步，时刻用法纪和道德警醒自我；不敢与同事争功，不敢与朋友争利，不敢与下属争名争誉等，这些人最终的结局是：勇于不敢则活！这个"活"，不仅是指保有性命，更为深刻的意义则是能长久地生存发展下去。

那么这两种人两种行为，有时会得到利益，有时会遭受损失、损害，这是什么缘故呢？那些得道的圣人、聪明智慧的领导者也难以解释明白，那怎么办呢？我们看看"天道"是怎么回事，就是一切依道而行的自然规律是怎样的。

天道是不斗争也能取得胜利，不发号施令也能获得老百姓响应，不去强行征召，老百姓都能自动到来，在自然而然中就能谋划安排好一切事情。所以，老子的意思已经很明白了。一切按照事物发展变化的本质规律来做，需要的是不断探究规律，并不断提高驾驭规律的本领。打仗可以胜利，老百姓会欢迎。一切自然而为，不妄为、不多为、有所不为，最终达到无所不为的至高境界。根本不需要强为、妄为。对什么都不怕，内心无所顾忌地去瞎折腾、瞎指挥，违背自然规律，违背道德良心，触碰法律的底线的人，老子在此警告：天网恢恢，疏而不漏。

正所谓：人在做，天在看。为人不做亏心事，自古苍天饶过谁。善有善报，恶有恶报，不是不报，时机未到。

其实，我们人类之所以要争，都是因为有私欲私心。一旦"私"字当头，就会与他人争，与自然争，就会表现出所谓的"勇敢"。这种为私而勇敢是违背天道的，其结果必然是失败的！这与为国家为民族为人民的利益需要表现的大无畏革命精神是完全不同的。为私欲勇敢是违逆天道的，为公利正义而勇敢是符合天道的，是我们应该极力提倡的。

老子在2600多年前说"天网恢恢"，真的是太厉害了，我们今天已经真真切切地感受到了天网的利害。我们每天的日常生活工作学习已经完全进入了网络时代，几乎每个人都深陷网中，离不开这个"天网"了。"天眼工程"已经让任何罪犯无处可逃！如果说"疏而不漏"是老子2600多年前的梦想的话，今天已经彻彻底底地变成了现实。

第七十四章　民不畏死

【原文】：

　　民不畏死，奈何以死惧之？若使民常畏死，而为奇者，吾得执而杀之，孰敢？常有司杀者杀。夫代司杀者杀，是谓代大匠斫。夫代大匠斫者，希有不伤其手矣。

【译文】：

　　老百姓不怕死，为什么还要用死亡去威胁和恐吓他们呢？如果人民真的害怕死亡，那是因为其对生活充满憧憬和希望。这个时候，对于那些敢于为非作歹触犯法律的人，我们就可以把他们逮起来杀掉。那么，谁还敢胡作非为呢？经常有专管杀人的部门派人执行杀人的任务，而代替刽子手去杀人，就如同代替高级木工师傅去砍木头。而代替高级木匠去砍木头的人，很少有不砍伤自己手的。

【感悟】：

　　这一章老子对面坐的人，可能是一位执掌生死的司法类官员，老子满章都是质询的口气。说，老百姓不害怕死，你怎么还要用死去恐吓他们呢！你要想办法让老百姓经常处于怕死的状态，百姓怕死是因为社会稳定和平，心中充满憧憬和希望，这个时候，如果有作奸犯科为非作歹的人，我们就可以把他逮起来杀了他，那谁还敢为非作歹呢？老子又说，常有专门管杀人的部门安排专人去执行杀人的任务，那些代替刽子手行戮者去杀人的官员，如同代替高级木匠去砍木头，这些人肯定会伤了自己的手！

这是什么意思呢？老子论述的是统治思想，是领导学、管理学，所以本章的内容，实际上是老子统治思想中的司法主张。

老子反对使用酷刑、重刑，尤其反对以滥杀的方式来维持统治。他认为，生杀的大权是属于天地的。只有能够体察天道，熟练应用法律的专职人员（大匠）才能使用，而越俎代庖滥用生杀大权，就会使自己也受到惩罚。

老子的内心慈祥仁爱，提出"民不畏死，奈何以死惧之？"实际上是以质问的口气告诫统治者，不要用死亡来威吓人民，充分体现了他对人民的仁爱和怜悯，是他"民为重，君为轻"思想的延续。老子反对战争，热爱和平，更不提倡杀人。但是他主张杀一儆百，看起来有些矛盾，实际上老子主张杀死的是我们通常意义上的"死刑犯"。那些杀人放火危害国家、造成重大损失的人，绝不是普通民众，只有惩罚邪恶之徒，才能使国家安定，人民幸福！

因此，任何国家的统治者都必须以人民的利益为重，使人民丰衣足食，居有定所，安居乐业，人

民自然就会珍惜生命，不会再去冒险和为非作歹了。人民安分守己，天下才会太平，统治者的地位才会稳固起来。如果统治者懂得珍爱生命，不滥杀无辜，滥施刑罚，而是不断地宣传道德，执行法律法规，就会使人民受道感化，坚持走在大道上。同时也明白法律的威严，这样天下就大治了！也就是可以安享太平。

最后一段，"常有司杀者杀。夫代司杀者杀，是谓代大匠斫。夫代大匠斫者，希有不伤其手矣"。从字面上讲，这是老子针对国家在混乱危急情况下向统治者提出的忠告，实际上就是老子司法主张的核心。为官者应各司其职，依法办事，不可越俎代庖，更不能滥用生杀大权。否则，不仅危害国家，还会伤及自身。

这是老子《道德经》中的司法主张，用以治理国家，是告诫统治者的苦口良言。以此类推，应用在企业管理中，则应注意两点：一是领导者不可用重罚来整顿职工队伍；二是不可轻言开除职工。《道德经》的主题是"道"，老子苦口婆心地劝导从事领导管理工作的，一切要依道而行，要按照事物发展变化的本质规律立世做人，只要坚定不移地坚守大道，就会"有德"，取得重大成绩，取得胜利。法律是补充手段，当有人冒犯法律法规时，可以杀一儆百，以儆效尤。企业管理也是这样，必须倡导不断学习提高，**建立学习型组织，培育学习型员工，**一切按照企业章程和规章制度办事，才能使员工素质得到提高，从而带动企业整体素质不断提高，进而使企业获得不断提升的市场竞争能力，走向可持续发展的强健之路。如果一味地重处重罚，动辄开除员工，其结果就是企业普遍受到员工的反感、反对、反抗，员工愤而辞职，企业还会有什么发展前途呢？

第七十五章　民之轻死

【原文】：

民之饥，以其上食税之多，是以饥。民之难治，以其上之有为，是以难治。民之轻死，以其上求生之厚，是以轻死。夫唯无以生为者，是贤于贵生。

【译文】：

人民之所以忍饥挨饿，是因为统治者榨取挥霍的税赋太多，所以才遭受饥饿。人民之所以难以管理，是因为统治者政令苛严，强作妄为，所以才难以统治。人民之所以会冒着生命危险触犯法律，是因为统治者贪图享受，所求的奉养过多，所以人民才会轻生不怕死。只有那些不去追求生活享受的人，不把自己的生命看得过分重要的人，不去搜刮民脂民膏用以奉养自己的人，才比奉养厚养自己的人更加贤德啊！

【感悟】：

这一章老子阐述的问题，绝对是因为向他请教的人是一位位高权重的统治者。老子谈的问题非常严肃，涉及了民生、税赋、统治、不怕死等重大问题。所以老子讲的道理深刻、严谨，并对这个统治者提出了自己的要求，长生久治的要求："夫唯无以生为者，是贤于贵生。"核心还是无为而治，具体方法包括：不搞苛捐杂税，不要苛严政令，收敛自己的欲望，一切以民为本等一系列内容或要求。所以本章既是老子的统治方法论，也是其民本思想的继续体现。对于担当社会治理的管理者具有很好的指导意义。

老子说，老百姓之所以吃不饱穿不暖、忍饥受饿，都是因为统治者征收的苛捐杂税太多，而且征收的税赋没有用在正当的建设之上，而是挥霍浪费了太多，用于个人生活享受，追求奢靡极欲的生活方式；老百姓之所以难于管理，是因为统治者不懂得"无为而治"，不能遵循事物发展变化的客观规律行事做人，没有把人民的生活放在心上，而总是高高在上想尽办法穷奢极欲压榨人民，搜刮民脂民膏，用于其无度的挥霍浪费。简言之就是胡作为，乱作为，胆大妄为，瞎折腾，这样统治者就会逐渐失去人民的信任，社会就会危机四伏，人民起义反抗甚至推翻统治者就会成为必然！

一条是苛捐杂税过多，一条是胡乱作为，仅这两条就足以使民不聊生，生不如死，老百姓还怕什么死亡呢？"民之轻死，以其上求生之厚，是以轻死。"简洁的一句话，描述的是极其严峻的社会现实，这里的轻死，就是根本不把死亡当回事。从消极的意义上说，不把死亡当一回事，就是一种铤而走险的行为，这种行为对国家、对社会都是极具破坏性的；从积极的意义上说，不把死亡当回事就是

一种与邪恶势力斗争的行为，一种铁肩担道义，大义凛然的行为。所以，消极的轻死，是敢于冒犯法律，是为生活所迫！积极的轻死，是反抗压迫反抗剥削的正义之举，无论哪一种，都对统治者构成了极大的威胁，都是统治者极其不愿看到的。隋朝时期的瓦岗寨起义军，推翻隋朝统治，归顺李渊，建立了大唐帝国。明朝时期的李自成农民起义军，直接推翻明朝政权。民国时期蒋介石领导的国民党政府，贪腐成风，不顾人民死活，悍然发动内战，让广大老百姓生活在水深火热之中，被共产党领导的人民军队打败。

这些活生生的历史都极其生动地说明了一个问题，就是统治者必须以民为本，始终把老百姓的民生问题、生活问题等放在第一的位置，这才是实现社会稳定可持续发展的最重要的根本所在。

而且，作为统治者一定要控制自己的欲望，绝不能追求穷奢极欲、奢靡无度的生活。用老子的话说，就是不能"求生之厚"，不能过度地厚养自己。要把百姓的生活摆在最重要的位置，不去追求生活享受，这就是"贤于贵生"，是胜人一筹的统治之术。

联想到社会现实，一些人获得巨额财富之后，有很多人不能摆正位置，丢弃了艰苦奋斗时期的精神追求，而是去追求奢靡极欲的生活方式。有的人投资几千万上亿元购置豪宅，出行要乘上千万元豪车，吃饭要上万元一桌，根本无视社会建设仍在发展之中，仍有成千上万人尚不富裕。有的人甚至为富不仁，败坏社会风气。这就是老子讲的"求生之厚"，结果就会导致"是以轻死"。你领导的企业员工就会以你为榜样，想尽各种办法也去追求奢靡生活，抛弃奉献精神，企业就此开始走下坡路，今天比明天强，不如昨天好，最后结局只能是关门谢客！所以，那些暴富之人，拥有巨额财富之人学点《道德经》吧。**低调，是一种智慧，不是选择。** 当我们都富起来的时候，应保持什么样的生活态度，确实是一个看似简单而又必须解决好的重大社会问题。

第七十六章　柔弱处上

【原文】：

人之生也柔弱，其死也坚强；草木之生也柔脆，其死也枯槁。故坚强者死之徒，柔弱者生之徒。是以兵强则灭，木强则折。强大处下，柔弱处上。

【译文】：

人在活着的时候柔弱灵活，但死亡的时候身体就变得僵硬如木棍。草木生长旺盛的时候其体质柔软脆弱，但死亡之后就变得干枯残败。所以，僵硬没有活力的东西属于死亡的一类，柔弱灵活的东西属于生长的一类。由此推及，用兵逞强穷兵黩武就会失败，树木强大坚硬就会招致砍伐摧折。再进一步，凡是认为自己强大的往往会处于劣势，相反，懂得柔弱谦逊的往往处于优势，居于上位。

【感悟】：

老子在这一章里用人和草木做比喻，其活着的时候柔弱灵活，其死亡的时候僵硬干枯，说明一个道理：柔弱胜刚强。并由此推及两个层面，第一层："坚强者死之徒，柔弱者生之徒"，第二层："强大处下，柔弱处上"。

有人据此认为，老子的《道德经》是弱者的斗争哲学，真是这样吗？什么问题都得针对实际情况具体问题具体分析，老子的《道德经》全篇都是传

经布道，讲的内容围绕一个核心就是"无为而治"，任何事情都必须依道而行。传播的是领导者统治之术，他说的这些话都是对担当领导职务、位高权重的人讲的，不是普通民众。老子也和孔子一样是在因材施教！对统治阶层的人士而言，你就要懂得并应用"柔弱处上"的自然法则做事做人，如果不懂得这个道理，总是逞强，就会遭到失败。与人逞强，形不成和谐的人际关系；用兵逞强，就会穷兵黩武，必定吃败仗。而对于我们普通大众百姓来说，人生之际，当强则强，当柔则柔，刚柔并济才是至理。

此章的核心内容是"柔弱胜刚强"，道理十分深刻，不加以深思确实很不好理解。老子说过，"反者，道之动"，任何事物强大了都会走向衰亡，这是自然法则，是任何人都无法改变的，是不以人的意志为转移的。所以最正确的做法应该是：有道处柔弱，无道处刚强。

我们可以把这一智慧扩大到怎样建立良好和谐的人际关系上面。作为领导人，不要只认为用强制手段才能解决问题，特别是当制订出台一项新的制度方案时，往往会遇到很多阻力，这时候过分用强反而更难达到预期效果。要懂得强和弱两者相辅相成的辩证关系，老去逞强不是真正有智慧的做法。要明白，用强只是智慧的一个方面，能用以柔克刚的办法冲破阻力才是真正的高手。适当的时候，要

"示弱"，采用更为灵活的方法才能达成我们的目标。同时，示弱、以柔克刚、柔弱胜刚强，也是我们在和社会、和别人、和上下级沟通打交道的时候非常重要的智慧，能给我们带来更多更有价值的启迪。

第七十七章　功成不处

【原文】：

　　天之道，其犹张弓与？高者抑之，下者举之；有余者损之，不足者补之。天之道，损有余而补不足；人之道则不然，损不足以奉有余。孰能有余以奉天下？唯有道者。（是以圣人为而不恃，功成而不处。其不欲见贤。）

【译文】：

　　自然界的规律，不是很像拉弓射箭吗？瞄得高了就往下压一压，瞄得低了就往上举一举；弓弦拉得过满了就把它放得松一些，拉得不足了就把它紧一紧。自然的规则是减损有余的补充不足的；而人类社会的规则却不是这样，常见的现象是剥夺不足的来奉养有余的。那么，谁能把多余的奉献出来为天下人做贡献呢？只有得道的人才可以做到。所以，真正得道的人、具有高明智慧的领导人自觉自愿为天下百姓谋幸福，把事情做成功也不自恃功高，有所成就也不会居功自傲，他的内心也并不想表现自己的这些贤能，因为，他认为这一切不过是在遵道而行，是自然而然的事情而已。

【感悟】：

　　这一章老子还是沿用其多次应用过的格式，先讲天道，再讲人道，从而得出人道应效法天道的结论。

天道就是自然界的法则。老子把天道比喻为我们生活中常见的张弓射箭。张开弓箭，就是为了射捕猎物。把箭头瞄准猎物，如果瞄得高了，就往低压一压，瞄得低了就往高举一举。还有为了射杀猎物，需要相应的力量，考虑好远近距离，所以，拉得太满就松一松，拉得松了就紧一紧。所谓有的放矢，目标是猎物，由此得出自然界的规则是减少有余而补充不足。而人道呢？人道就是人类社会的法则，由统治者治理的人类社会却不是这样，是"损不足以奉有余"，把本来就"不足"的人的财富再减损剥夺了去奉养那些本来就"有余"的人。这不就是马太效应吗？富的更富，穷的将会更穷，社会财富两极分化，这是祸患啊！马太效应达到一定程度就会引起社会动乱，民不聊生！

所以，人类社会的这种财富分配不均两极分化现象严重，是违背天道的，有悖自然运行的客观规律的，那么，我们自然就会有这样的质问：怎样才能像天道那样"损有余而补不足"？又有谁能做到把自己多余的财富拿出来为天下百姓做贡献呢？老子说：唯有道者！就是得道的人，就是那些一切遵循事物发展变化的本质规律做事做人的聪明智慧的领导人。而且，得道的领导人，以天下百姓为本，时刻把天下百姓的民生之事放在心上，一心一意为人民谋幸福，谋福祉，却从来不会自恃有功，居功自傲。因为他们从内心认为我只是遵循天道，按自然之道办事情，是自然而然的事情，这也算不上什么功劳，算不上什么特别的贤能贤德啊！

我们可爱的老子先生，在两千余年前就阐述了"人之道则不然，损不足以奉有余"，与马太效应多么相像啊！而且马太效应只是指出了问题的存在，并没有给出问题的解决办法，我们可爱的老子却已经指出了解决这一问题的方法"有余以奉天下"，让"有余的"拿出来贡献给天下，这不就是**共同富裕**吗！我们的党中央现今着力推行的奋斗目标正是要达到共同富裕，并已经在浙江一带先行试点。

共产党人的执政之道也正是遵循自然界之天道运行的，能够赢得全中国人民的支持拥护也就是必然的了！而且我们也相信，在不久的将来共同富裕的目标一定会实现！

第七十八章　柔之胜刚

【原文】：

天下莫柔弱于水，而攻坚强者莫之能胜，以其无以易之。弱之胜强，柔之胜刚，天下莫不知，莫能行。是以圣人云："受国之垢，是谓社稷主；受国不祥，是为天下王。"正言若反。

【译文】：

天下没有什么东西比水更为柔弱了，但攻克坚强的东西却没有能胜过水的，因此也没有什么东西可以代替水。弱小的能胜过强大的，柔弱的能胜过刚强的。天下没有人不知道这个道理，但就是没有人能真正做到这一点。所以，得道的人说：能够承担忍受国家的屈辱，才能称得上国家的君主；能够承受全国的灾难祸患的人，才配做天下的君王。符合正道的话就好像是说反话一样啊！

【感悟】：

本章内容分两部分，前一部分老子引用水之柔弱，说明柔弱胜刚强的道理，后一部分引用圣人言，说明只有能够承受国家的污垢和不祥的人才能成为国家的主宰者，合起来综述，就是领导者必须具备柔弱似水、善于处下的品格，具备承担国家遭受屈辱、遭遇祸患的能力，才是符合正道的。这两部分看似说的两个意思，其实质内容有很强的内在逻辑关系。前面章节里讲过上善若水，对水的本质进行了全面深刻的剖析。其九大特质高度概括了水的属性，是老子对所有从事领导管理工作者的现实要求。特别是"处众人之所恶""善于处下"等，都是领导者、管理者的必备条件，这是对领导团队的品质要求。但仅有品质要求还不够，还必须有能力有担当，能够承受国之垢，承受国之不祥。也就是当国家遭受外敌入侵、遭受屈辱的时候，领导者能够担当起来领导全国人民奋起反抗，保家卫国；当国家遇到自然灾害等祸患的时候，领导者能够迎难而上，解危机于济困之中。两千多年前的老子这些论述，与我们党的创始人之一毛泽东主席提倡并要求全体共产党员要以"为人民服务"为根本宗旨，其意义高度吻合。共产党人之所以能领导全国人民取得一个又一个伟大胜利，也正是因为共产党人能够以人民为中心，遵循事物发展变化的客观规律。共产党这个优秀团队吃苦在前享受在后，有担当，能够克服任何困难，有勇气不断纠正其前进道路上的错误。抗日战争期间，国家遭受日本侵略，共产党人放弃与国民党的恩怨纷争，达成国共合作，以民族大义为重，积极主动投入抗日战场，终于取得抗日战争的伟大胜利；解放战争期间，共产党人及其领导的军队站在人民利益的正义立场，坚决打击国民党反动派及其军队，受到全国人民的支持拥戴，最终取

得解放战争的全面胜利，建立了社会主义国家，屹立于世界；之后，领导全国人民投入社会主义经济建设之中，如今已是世界第二大经济体，取得了辉煌的成就；在 2020 年新型冠状疫情在世界蔓延，人民的身体生命及经济运行遭遇重大威胁之际，共产党领导全国人民精准施策，全面控制，采取了一系列果断有效科学的措施，使新冠疫情率先在世界各国得到了控制。所以，正是因为共产党奉行"为人民服务"的宗旨，具有上善若水的品质，懂得柔弱胜刚强的道理，能够承受"国之垢""国之不祥"，才能站起来，富起来，强起来。领导全国人民向第二个一百年目标奋斗，中华民族的伟大复兴正在变为现实！

老子在此概述的领导人必须具备的品德能力要求对我们从事企业管理的领导人也同样适用。柔弱胜刚强，不要总是盛气凌人，指手画脚地要求员工干这干那，而应如沐春风，和风细雨般地推进我们的各项管理技术工作，才是符合天道的。当企业遇到市场危机，遭遇产品淘汰、技术淘汰等这些"不祥"之时，领导人更是必须有所担当，提前预判，及时转型，及早谋划，这样才是合格的优秀的领导人。

第七十九章　报怨以德

【原文】：

　　和大怨，必有余怨，〔报怨以德，〕安可以为善？是以圣人执左契，而不责于人。有德司契，无德司彻。天道无亲，常与善人。

【译文】：

　　大的怨恨即使通过协调可以和美解决，也必定会留下遗怨，这怎么能说是最好的解决办法呢？因此，有道的圣人尽管手握借款证据，也不苛责别人偿还。有德的人就像手握借款证据也不苛责别人偿还的人那样宽容而不索取，无德的人就像掌管税收的人那样严苛残酷，要求连本带利一起偿还。天下万物的自然规律对任何人都没有偏爱偏私，而是常常与有道的人伴随在一起。

【感悟】：

　　这一章老子说的是统治者和老百姓之间的矛盾纷争如何解决的问题。统治者没有尊道敬德，而是为了自己的私欲，压榨百姓，搜刮民财，必然会与老百姓之间产生很深的怨恨，大怨就是深仇大恨，就是长年累月积淀形成的怨恨。在这种情况下，通过协调、调解的方式去解决，根本就是不可能的。说白了就是出台一些愚民政策，糊弄老百姓以获得他们的支持，这反而会更加激化人民与统治阶层的

222

矛盾，所以，老子认为这样做绝对不是好的方法，不能从根本上解决问题。

那么，圣人是怎么做的呢？圣人，就是有道的统治者。手里拿着借款的证据，也不苛责别人赶紧还钱，这是何等的体恤民情啊！尊道敬德的统治者把人民的利益时刻放在心上，把人民的冷暖放在心上，怎么可能和人民之间产生怨恨矛盾呢？

所以，老子在此基础上，又进一步说："有德司契，无德司彻"。一切依道而行就是德，也就是做人做事遵循事物发展变化的客观规律，作为统治者始终把人民的利益放在心上，这样的统治者就是圣人，就是优秀的统治者，他们做事情即使手持证据也不苛责别人偿还，而是宽容厚待；而无德的统治者，不尊重自然规律，不能依道而行，他们的心中时刻装的是自己的利益，而且还会变本加厉，有人欠他钱，会连本带利一起追索，一旦无法偿还，就会动用公权对人民施加酷刑。这样的人，老百姓能不恨他们吗？

最后，老子又指出，"天道无亲，常与善人"。在自然规律面前，是没有所谓亲近疏远的，它公平地对待每一个人，但是，常常与得道的善人也就是一切能够按照事物发展变化本质规律立世做事的好人伴随在一起。简言之，依道而行，人民就支持你；不依道而行，人民就会和你积下深仇大恨。

这是统治者和人民之间的矛盾论述。"和大怨，必有余怨"，这句话也可以给我们这样的启示：那就是在人际交往中，我们也应该十分注重不要和同志们之间产生怨恨，一定要"言有宗，事有君"。**说话做事有理有据，分寸尺度把握得当，一旦产生了裂痕、怨恨，再去和解弥补，其关系就会大打折扣。**所以我们要十分珍惜同事朋友或家庭内部已建立的各种友好感情，做到提前预判，防患于未然，为之于未有，治之于未乱，一切遵道而行。

第八十章　小国寡民

【原文】：

小国寡民。使有什伯之器而不用，使民重死而不远徙。虽有舟舆，无所乘之；虽有甲兵，无所陈之。使民复结绳而用之。甘其食，美其服，安其居，乐其俗。邻国相望，鸡犬之声相闻，民至老死，不相往来。

【译文】：

我心中理想的国度是这样的：国土面积小，老百姓人数也不多，即使有十倍百倍效率的工具器具也不使用，人民都珍视生命，看重死亡而从不向远方迁徙。虽然有船有车，也没有必要去乘坐；虽然有武器装备，也没有地方陈兵布阵。让人民回归到远古时代结绳记事的自然状态之中。觉得吃什么都是香甜可口，穿什么衣服都美丽好看，安于自己居住的地方，乐于享受自己的民风民俗。相邻的国家近在咫尺，可以相互望见，鸡犬的叫声可以相互听见，但老百姓之间从生到死，从不相互干扰，更没有是非战争。社会一派祥和，天下永享太平。

【感悟】：

本章是老先生描绘的一幅"理想国"之景象，老子讲了那么多统治术、领导方法、管理方法，从多维度多角度剖析了作为领导者应该具备什么样的品格品德要求。说了这么多，在你的内心世界究竟要建立一个什么样的国家，才是理想国度呢？于是就有了本章的描绘。

在这个理想国度里，国土面积不大，人口数量也不多，人民纯朴敦厚、善良，男耕女织，安居乐业，有数倍于人力的机器工具也不用，有船有车也不乘坐，有兵器有战士，也不需要、也没地方排兵布阵，人民都回归到远古时代那样依靠结绳记事，吃什么都是香的，穿什么都觉得很美，快乐逍遥地享受着自己的民风民俗。相邻国家都可以相互望见，鸡鸣狗叫也能听见，老百姓从生到死也不相互侵害，而是永享太平，一派祥和。

在老子那个年代，正是春秋无义战时代，各种战争此起彼伏，没有一场是正义的战争，尸横遍野，血流成河，压榨、贫困、饥饿、荒淫、贪婪等成为主要的社会现象。在这样的背景下，老子就想怎么解决呢？究竟建立一个什么样的国家是我们的理想呢？其实老子也没办法，他只是一个哲学家，一个智慧高人，而并不是一个社会实践者，他也只能为当时的统治者描绘这样一幅美丽蓝图，只能说是时代的局限，不能理解为老子的无奈。反而应深深地敬佩他，给他鞠躬，充满敬畏，好好珍惜我们现在的和平与幸福生活。

第八十一章　为而不争

【原文】：

　　信言不美，美言不信。善者不辩，辩者不善。知者不博，博者不知。圣人不积，既以为人，己愈有；既以与人，己愈多。天之道，利而不害；圣人之道，为而不争。

【译文】：

　　真诚的语言不怎么好听，好听的语言不真诚。善良的人不会用语言去争辩，总是争辩的人不是善良的人。真正有智慧的人不认为自己有多么博学，总认为自己博学多闻无所不知的人不是有智慧的人。得道的圣人、那些好的领导人从来不积累过多的财富，帮助别人办的事情越多自己越感到富有；给予别人愈多，自己就愈加丰富。自然界的规律是让万事万物都能得到好处而不互相伤害；圣人的法则是施惠于众人为别人办好事情而不为自己争名夺利。

【感悟】：

　　这一章可以说是《道德经》全书的总结，而全书的思想总结概括起来就是最后这两句话："**天之道，利而不害；圣人之道，为而不争**"。

　　《道德经》洋洋五千余文字，老子一刀一笔地刻下来，最后做了一个总结。我说的话都是真诚可信的，但不一定好听；好听漂亮的话，就不会是真诚可信的了。我说了这么多话，你也不要和我争辩。好人是不会用言语争辩的；善于用语言为自己争辩的，就不会是个好人了。我说了这么多，并不是我的知识有多么渊博，那些自称知识渊博无所不知的人反而是没有什么智慧的人！

能够依道而行的人，也不需积累过多的财富，要有"双赢""多赢"的思维格局和广博胸怀。**我们给别人做的事情愈多，就会感觉自己愈富有；对别人帮助得愈多，感觉自己会获得愈多。看似付出了，可是我们在付出中收获了快乐，收获了人生的幸福，自己的精神世界更加充盈满足，愈来愈丰富。帮人越多，自己越富有；给人越多，自己获得越多。有所失，必有所得，所谓舍得、舍得，舍出去，才能有所得。**

最后，老子以"天之道，利而不害；圣人之道，为而不争"作为全篇的总结，全书在此落脚，道出了自然界至高法则及人类社会领导阶级的至高智慧。我们再把前边讲过的"上善若水""水善利万物而不争"，以及"功成不居、为而不恃、生而不有，长而不宰""衣养万物而不为主"等这些精华串起来，每一句都可以作为我们学习、工作、生活中的座右铭或指南针，将会对我们的人生格局、思维方式、精神境界以及做人做事的方式方法带来巨大的不可估量的启发和启迪。

　　《道德经》是影响一生的好经典，值得我们每一个人终生研读领悟以及应用！

　　尤其是从事领导管理工作的人，包括家庭管理、孩子教育，《道德经》都会给我们以启迪，从而帮助我们树立正确科学的理念，受益终生，并以此**将中华民族的优秀文化一代一代传承下去，使之得到不断的发扬光大。**

致谢：

　　在《老子的哲学思想与企业管理》的编写过程中，张海瑞、兰鹏光、王志林、邢富平、郭正康、胡爱生、王静、周玉平等同志，给予了极大的支持和帮助，在此深表谢意！

张志伟

2022 年 8 月 3 日